EDITION OSHO

Die Texte für dieses Buch sind ausgesuchte Transkripte aus verschiedenen Diskurs-Serien, die Osho vor einer internationalen Zuhörerschaft gehalten hat. Alle Osho Diskurse sind als Originale publiziert worden und als Original-Audios erhältlich. Audios und das vollständige Text-Archiv finden sie unter der online- Bibliothek „Osho Library" bei www.osho.com

MIX
Papier aus verantwortungsvollen Quellen
FSC www.fsc.org FSC® C083411

Titel der Originalausgabe:
Trust, Living Spontaneously and Open to Life

1. Auflage 2017
Umschlaggestaltung: Silke Bunda Watermeier, www.watermeier.net
Übersetzung: Nirvano Spohr
Zusammengestellt von Osho International Foundation

www.innenwelt-verlag.de

Druck: CPI books, Leck
Printed in Germany

ISBN 978-3-942502-63-4

OSHO

Vertrauen

Intelligenz
Gelassenheit
Aufrichtigkeit
Mut
Selbstliebe
Erkenntnis

Inhalt

Einführung

Eine Richtung, kein Ziel ...

DER UNTERSCHIED IST EIN SEHR FEINER, ABER ES IST DERselbe Unterschied wie zwischen dem Verstand und dem Herzen, wie zwischen Logik und Liebe – oder noch genauer gesagt, wie zwischen Prosa und Poesie.

Ein Ziel ist etwas Eindeutiges; eine Richtung ist rein intuitiv. Ein Ziel ist etwas da draußen, mehr wie ein Ding. Eine Richtung ist ein inneres Gefühl – kein Objekt, sondern deine eigentliche Bestimmung. Du kannst deine Richtung zwar spüren, aber nicht erkennen. Dein Ziel kannst du kennen, aber nicht spüren. Ein Ziel ist in der Zukunft. Sobald es feststeht, beginnst du dein Leben auf es zuzusteuern, dein Leben darauf auszurichten. Wie kannst du die Zukunft festlegen? Was maßt du dir an, das Unbekannte festzulegen?

Die Zukunft ist das noch Unbekannte, die Zukunft ist eine vage Möglichkeit. Indem du dir ein Ziel setzt, ist die Zukunft keine Zukunft mehr – denn sie ist nicht mehr offen. Jetzt hast du dich für eine Alternative unter vielen entschieden – und nur solange dir alle Alternativen offen standen, war es eine Zukunft. Jetzt sind alle Alternativen verworfen worden; nur eine ist gewählt worden: Die ist keine Zukunft mehr, sondern deine Vergangenheit.

Wenn du dir ein Ziel setzt, spricht die Vergangenheit – hat deine vergangene Erfahrung, dein vergangenes Wissen dir ein Ziel gesetzt. Damit tötest du die Zukunft. Dann wie-derholst du immerzu deine eigene Vergangenheit. Vielleicht etwas abgewandelt, hier und da ein wenig verändert –, diesmal etwas bequemer, etwas gefälliger; frisch gestrichen zwar, renoviert, aber dennoch wie eh und je. Auf die Art verliert man die Zukunft aus den Augen: Wer sich ein Ziel setzt, verliert die Zukunft aus den Augen. Man stirbt ab. Man wird immer automatischer.

Eine Richtung hat etwas Lebendiges, Gegenwärtiges. Sie kennt keine Zukunft, sie kennt keine Vergangenheit, sondern sie atmet, sie pulsiert, aber hier und jetzt. Und aus diesem pulsierenden Moment wird der nächste Moment geboren. Nicht weil du es so willst, sondern weil du den jetzigen Moment so rückhaltlos lebst und ihn so rundum liebst, dass diese Ganzheit den nächsten Moment hervorbringt. Er hat eine Bestimmung – keine, die du vorgegeben oder aufgezwungen hast, sondern eine spontane. Das ist es, was die indischen Bauls unter einem *Sahaj Manush* verstehen – einem spontanen Menschen.

Der spontane Mensch führt zum wirklichen Menschen, zum wesentlichen Menschen, zum inneren Gott. Deine Bestimmung kannst du nicht entscheiden, du kannst den jetzigen Augenblick, über den du verfügst, nur leben. Indem du ihn lebst, entfaltet sich die Bestimmung. Wenn du tanzt, vertieft der nächste Moment deinen Tanz. Das geht nicht von dir aus, denn im Moment tanzt du nur. Damit gibst du zwar den Anstoß, aber das ist keine Manipulation:

Der nächste Moment wird von Tanz erfüllt sein, und aus ihm wird mehr entstehen.

Ziele legt der Verstand fest. Eine Bestimmung verdient man sich, indem man lebt. Ein Ziel ist logisch: Man will Arzt werden, man will Ingenieur werden, man will Wissenschaftler oder Politiker oder reich oder berühmt werden ... das sind Zielsetzungen. Seine Bestimmung? Dafür braucht man nur den jetzigen Augenblick zu leben, tief vertrauend, dass einem das Leben seine Bestimmung schon zeigen wird. Man lebt den jetzigen Augenblick so rückhaltlos, dass daraus etwas Frisches entsteht. In dieser Rückhaltlosigkeit verfliegt die Vergangenheit und nimmt die Zukunft Gestalt an. Aber diese Gestalt stammt nicht von dir, diese Gestalt hast du dir verdient.

Der Zen-Meister Rinzei lag, von seinen Schülern umringt, im Sterben. Einer von ihnen bat: „Meister, wenn du nicht mehr bist, werden uns die Leute fragen, was du eigentlich gelehrt hast. Doch du hast so viel gesagt, hast über so Vieles gesprochen, dass wir das nicht auf den Punkt bringen können. Bitte fasse deine Lehre, bevor du gehst, in einem einzigen Satz zusammen, damit wir ihn im Herzen bewahren können. Dann werden wir in der Lage sein, allen, die dich nicht gekannt haben, aber wissen wollen, was du gelehrt hast, den Kern deiner Lehre weiterzugeben."

Sterbend riss Rinzai die Augen auf und stieß einen wahren Zen-Schrei aus, so laut wie ein Löwe! Alle waren schockiert und fragten sich, wo dieser Sterbende nur die Energie dazu hernahm?! Der Mann war unberechenbar, und zwar schon seit eh und je. Aber dass er quasi mit seinem letzten Brüllen zu einem Löwe würde – damit hatten sie nicht gerechnet. Und in ihren Schock hinein, denn natürlich waren sie starr vor Schreck, entsetzt, sagte Rinzai: „Dies ist es!", schloss die Augen und starb.

Dies ist es … Dieser Augenblick, dieser stille Augenblick, dieser von keinem Gedanken befleckte Augenblick, dieses Schweigen ringsumher, diese Überraschung, dieses letzte Löwengebrüll eines Sterbenden – dies ist es. Ja, deine Bestimmung zeigt sich, indem du diesen Augenblick lebst. Sie ist nicht manipulierbar und planbar. Sie stellt sich von selber ein, sie ist sehr versteckt – und du kannst dir ihrer nie sicher sein, du kannst sie nur ahnen. Daher sage ich, dass sie eher wie Poesie ist denn wie Prosa; eher wie Liebe denn wie Logik; eher wie Kunst denn wie Wissenschaft. Vage – und gerade das ist das Schöne – zögerlich, so zögerlich wie ein Tautropfen auf einem Grashalm, der abgleitet ohne zu wissen wohin, ohne zu wissen warum; der in der Morgensonne einfach nur von einem Grashalm abgleitet.

Die eigene Bestimmung ist sehr versteckt, zart, zerbrechlich. Darum setzen sich alle lieber Ziele. Die Gesellschaft nagelt euch lieber auf Ziele fest. Ob Eltern, Lehrer, Kultur, Religion oder Regierung: Sie alle wollen euch vorschreiben, wie ihr zu leben habt. Sie wollen nicht, dass ihr frei seid und auf euch selber gestellt ins Unbekannte wagt. Aber genau daher diese gähnende Langeweile! Wenn ihr eure Zukunft schon vorher kennt, ist sie bereits langweilig. Wenn ihr wisst, was ihr mal sein werdet, ist es bereits langweilig.

Die Zukunft sollte eine Bestimmung sein, kein Ziel. Es sollte eher wie das *Nirvana* sein.

Dieses von Buddha benutzte Wort bedeutet: Alles, was du kennst, wird nicht mehr da sein. Das ist seine Definition von *Nirvana*: Alles, was du kennst, wird nicht mehr da sein. Alles, was du erfahren hast, wird nicht mehr da sein, alles, was dich ausmacht, wird nicht mehr da sein – sondern etwas vollkommen Neues, etwas, das du nicht verstehen kannst, weil dir dazu die nötige Sprache fehlt, dazu die nötige Erfahrung fehlt. Etwas absolut Neues, etwas Unbeschreibliches. Das *Nirvana* ist eine Bestimmung.

Das muslimische *Firdaus*, das christliche Paradies, sind dagegen Ziele, ganz eindeutig.

Der Mittelmäßige besteht auf eindeutigen Zielen, weil er so unsicher ist – er traut seiner eigenen Wahrnehmung nicht und er hat kein Urvertrauen. Der Mittelmäßige fürchtet Entdeckungen, dabei sind Entdeckungen das größte Geheimnis des Lebens. Offen zu sein für Überraschungen, immer offen zu sein, eine Überraschung zu entdecken, heißt unschuldig sein. Und das Leben ist so, dass du immer wieder was entdecken kannst. Je mehr du entdeckst, desto mehr wirst du sehen, dass es noch mehr gibt. Es ist ein nie endender Prozess; eine Richtung nehmen bedeutet immer, in Bewegung zu sein. Ein Ziel ist etwas Totes. Ziele sind Sache des Ego; eine Richtung einzuschlagen ist eine Sache der Lebendigkeit, des Seins.

Es gehört enormes Vertrauen dazu, um sich auf die Welt der Bestimmung einzulassen, denn da geht man ins Ungewisse, geht man ins Dunkel. Aber das Dunkel hat etwas Spannendes: sich ohne Landkarte, ohne einen Wegkundigen ins Unbekannte zu wagen. Jeder Schritt ist eine Entdeckung, und zwar nicht nur eine Entdeckung in der Außenwelt. Zugleich entdeckt man auch etwas in sich selbst. Ein Entdecker entdeckt nicht nur Dinge; je mehr unbekannte Welten er entdeckt, desto mehr entdeckt er gleichzeitig sich selbst. Jede Entdeckungsreise führt auch nach innen. Je mehr man erkennt, desto mehr erfährt man über den Erkennenden. Je mehr man liebt, desto mehr erfährt man über den Liebenden.

Erwartet von mir also keine Ziele. Ich kann euch nur eine Richtung andeuten: hellwach, springlebendig ins Unbekannte, stets Überraschende, Unvorhersehbare zu gehen. Ich werde euch keine Landkarte geben. Ich kann euch nur anfeuern zu entdecken. Ja, ihr braucht auch gar keine Landkarte; was ihr braucht, ist eine enorme Leidenschaft, einen enormen Entdeckerdrang. Danach lasse ich euch in Ruhe. Dann seid ihr flügge. Wagt euch ins All, ins Grenzenlose, und lernt, ihm nach und nach zu vertrauen.

Überlasst euch den Händen des Lebens, denn das Leben ist Gott. Genau das sagt Jesus mit den Worten: „Dein Reich komme, dein Wille geschehe" – was für ein Vertrauen! Selbst wenn Gott euch den Tod bringt, braucht ihr keine Angst davor zu haben. Ist es doch er, der den Tod bringt, also wird es seinen Grund haben, muss sich ein Geheimnis, eine Lektion darin verbergen: Er öffnet euch eine Tür.

Ein Mensch, der vertraut, ein religiöser Mensch steht voller Erwartung vorm Tor des Todes, er kann brüllen wie ein Löwe. Selbst im Sterben – denn er weiß, dass nichts stirbt – vermag er noch mit seinem letzten Atemzug zu sagen: *„Dies ist es!"*

Denn für jeden Augenblick gilt: Dies ist es. Ob Leben oder Tod; ob Erfolg oder Scheitern; ob Glück oder Unglück: Jeden Augenblick ist es Dies.

Das ist für mich das wahre Gebet. Und dann kennt ihr euren Weg. Nur keine Sorge … Ihr braucht kein festes Ziel – geht einfach voller Vertrauen weiter.

1. Was heißt Vertrauen?

IST ES EIN GLAUBE? NEIN, DENN GLAUBEN IST EINE SACHE des Verstandes. Vertrauen hat etwas mit Übereinstimmen zu tun; wer vertraut, öffnet sich. Du legst einfach deine Verteidigungsmechanismen ab, deinen Panzer beiseite; du wirst verletzlich. Du hörst dir etwas an, und ein inneres Gefühl sagt dir, ob es stimmt oder nicht. Wenn es nicht stimmt, spürst du das; wenn es stimmt, spürst du das.

Woran liegt das? Das liegt daran, dass die Wahrheit in dir wohnt. Wenn du dein Denken ganz abschaltest, kannst du deine innere Wahrheit spüren – denn Gleich und Gleich gesellt sich gern, es passt zusammen. Plötzlich passt alles, kommt ein Muster zum Vorschein und aus dem Chaos wird ein Kosmos. Die Wörter stimmen überein und eine Poesie stellt sich ein. Dann ist alles einfach an seinem Platz.

Wenn du dich öffnest und die Wahrheit ist da, stimmt ihr dein Inneres einfach zu – aber das ist keine intellektuelle Zustimmung. Du spürst ein Übereinstimmen, du wirst eins – das heißt Vertrauen. Wenn etwas nicht stimmt, perlt es einfach nur von dir ab, als wäre es gar nicht gewesen. Es ist so sinnlos, dass du es vergisst, dass du gar nicht mehr hinsiehst. Du sagst nicht mal: „Das stimmt nicht!"

Es passt einfach nicht, also beachtest du es auch nicht. Wenn es passt, wird es heimisch. Wenn es nicht passt, gehst du weiter.

Vertraue erst einmal dir selbst

SEI EMPFÄNGLICH, SEI LIEBEVOLL, UND VERTRAUE DER Natur, die dich zur Welt gebracht hat. Du hängst mit ihr zusammen, du bist nicht von ihr getrennt. Sie kümmert sich um dich; sie beschützt dich, im Leben und im Tod. Sie ist deine Sicherheit, die einzige Sicherheit, die es gibt. Fühle dich sicher, wohl in der Haut, entspannt, und irgendwann, wenn dein Verstand völlig still ist, „geschieht" Wahrheit. Plötzlich durchdringt sie wie ein Lichtstrahl die Finsternis deiner Existenz – und alles ist offenbart.

Vertrauen ist nur möglich, wenn du dir zunächst selbst vertraust. Zuerst muss der eigentliche Grundstein in *dir* gelegt werden. Erst wenn du dir selbst vertraust, kannst du mir vertrauen, kannst du andern vertrauen, kannst du der Existenz vertrauen. Wenn du jedoch nicht mal dir selber vertraust, ist jedes andere Vertrauen völlig ausgeschlossen.

Die Gesellschaft vereitelt von Anfang an jegliches Vertrauen: Sie gestattet dir nicht, dir selbst zu vertrauen. Sie besteht auf allen möglichen anderen Arten von Vertrauen: vertraue deinen Eltern, vertraue der Kirche, vertraue dem Staat, vertraue auf Gott und so weiter und sofort. Aber das Grundvertrauen ist erst einmal zerstört. Und dann ist jede andere Form von Vertrauen hohl und leer – wie kann es auch anders sein! Dann sind alle anderen Formen von Vertrauen nur künstliche Blumen, für echte Blumen fehlen euch echte Wurzeln. Die Gesellschaft macht das absichtlich, ganz bewusst; denn wer sich selber vertraut, ist gefährlich für die Gesellschaft – da sie auf Knechtschaft beruht, da sie alles auf die Karte der Knechtschaft gesetzt hat. Wer sich selbst vertraut, ist unabhängig. Er ist unberechenbar, er hört nicht auf andere; sein Leben baut auf Freiheit. Er vertraut, wenn ihm danach zumute ist, wenn er liebt, und dann bekommt sein Vertrauen etwas ungeheuer Intensives und Wahres. Dann ist sein Vertrauen lebendig und authentisch. Und er ist bereit, für sein Vertrauen alles aufs Spiel zu setzen – aber nur, wenn ihm danach ist, nur wenn es stimmt, nur wenn es sein Herz bewegt, nur wenn es seine Intelligenz und seine Liebe bewegt, sonst nicht. Er lässt sich zu keinem Glauben zwingen.

Diese Gesellschaft beruht auf Glauben; sie ist durchdrungen von Selbsthypnose. Ihre ganze Struktur beruht darauf, Roboter und Maschinen statt Menschen zu erzeugen. Sie braucht Abhängige – so abhängig, dass sie ständig tyrannisiert werden wollen, so abhängig, dass sie überall nach ihren eigenen Tyrannen suchen, ihren eigenen Adolf Hitlers, ihren eigenen Mussolinis, ihren eigenen Josef Stalins und Mao Tse Tungs. Wir haben diese Erde, diese schöne Erde in ein einziges Gefängnis verwandelt. Ein paar Machtlüsterne haben aus der ganzen Menschheit einen Mob gemacht. Der Mensch darf nur existieren, wenn er sich allen möglichen Unfug gefallen lässt.

Nun, von einem Kind zu verlangen an Gott zu glauben, ist Unfug, völliger Unfug – nicht, weil das Göttliche nicht existierte, sondern weil das Kind den Durst, das Verlangen, die Sehnsucht danach noch nicht verspürt. Es ist noch nicht so weit, sich auf die Suche nach der Wahrheit zu machen, nach dem, „was die Welt im Innersten zusammenhält." Es hat noch nicht die nötige Reife, um nach der Wirklichkeit Gottes zu forschen. Diese große Liebe kann gar nicht ausbleiben, aber dazu kann es nur kommen, wenn man ihm keinen Glauben aufgezwungen hat. Wird es bekehrt, bevor sein Durst zu forschen und zu erkennen erwacht, lebt es am Wesentlichen vorbei, hat es auf Sand gebaut. Es wird zwar von Gott sprechen, da man ihm eingeredet hat, dass es Gott gibt – keine Widerrede!

Und als Kind war es denen, die darauf bestanden, völlig ausgeliefert: seinen Eltern, den Priestern, den Lehrern, die es ihm beigebracht haben – und hat es hinnehmen müssen; davon hing sein Leben ab. Es durfte seinen Eltern nicht widersprechen, denn wie sollte es ohne sie überleben? Nein zu sagen war zu riskant, es musste Ja sagen. Aber das kann kein ehrliches Ja sein.

Wie könnte es ehrlich sein? Sein geheucheltes Ja ist einfach eine Überlebensstrategie. Statt einen religiösen Menschen hat man aus ihm einen Diplomaten, einen Politiker gemacht. Sein Potenzial, als authentischer Mensch aufzuwachsen, ist untergraben worden. Es ist vergiftet worden. Seine Intelligenz ist im Keim erstickt worden.

Intelligenz kann sich nämlich nur dadurch entfalten, dass der Wissensdrang erwacht. Der wird jetzt ausbleiben – denn noch ehe die Frage sich seiner Seele bemächtigen konnte, hat man ihm bereits die Antwort geliefert! Lange bevor sich der Hunger regte, wurde ihm diese Nahrung reingezwungen. Nun, ohne Hunger ist sie unverdaulich, ohne Hunger ist sie nicht zu verdauen. Das ist der Grund, warum die Leute sich wie Röhren fühlen, durch die das Leben abfließt – wie unverdauliches Essen.

Man muss mit Kindern ausgesprochen geduldig sein – und hellwach, äußerst bewusst alles zurückhalten, was das Erwachen der eigenen Intelligenz verzögern könnte. Macht keine Christen, Hindus und Moslems aus ihnen. Das erfordert grenzenlose Geduld. Dann geschieht eines Tages das Wunder, dass das Kind von sich aus nachfragt. Speist es selbst dann nicht mit vorgefertigten Antworten ab. Vorgefertigte Antworten führen nicht weiter. Vorgefertigte Antworten sind dumpf und dumm. Helft lieber seiner Intelligenz auf die Sprünge. Statt ihm Antworten zu geben, stellt lieber Herausforderungen her, die seine Intelligenz anspornen, tiefer nachzuhaken – auf dass seine Frage vordringt bis zum Kern, wo es um Leben und Tod geht.

Doch das darf nicht sein. Die große Angst der Eltern, die große Angst der Gesellschaft ist: Wer weiß, was passiert, wenn die Kinder frei entscheiden dürften? Sie könnten sich für eine andere Religion entscheiden als ihre Eltern, sie könnten niemals zur Kirche gehen – zur katholischen, evangelischen, egal welcher. Wer weiß, was passiert, wenn sie ihrer eigenen Intelligenz folgen? Sie würden eurer Kontrolle entgleiten! Diese Gesellschaft ist nur darauf aus, alle zu kontrollieren, die Seelen aller zu besitzen.

Daher müssen sie als Allererstes das Vertrauen zerstören, das Vertrauen des Kindes in sich selbst, sein Urvertrauen. Sie müssen es erschüttern, ihm Angst einjagen. Sobald es zittert, ist es kontrollierbar. Wenn es selbstbewusst ist, ist es unkontrollierbar. Wenn es selbstbewusst ist, wird es sich behaupten, wird es tun, was es will. Es wird auf niemanden hören. Es wird seinen eigenen Weg gehen, es wird sich nicht vor den Karren anderer spannen lassen. Es wird niemanden nachahmen, es wird niemals abstumpfen oder absterben – sondern so quicklebendig sein, so von Leben pulsieren, dass niemand es unterwerfen kann.

Zerstört sein Vertrauen, und ihr habt es kastriert. Ihr habt ihm seine Kraft geraubt. Jetzt wird es nur noch vor sich hinvegetieren und auf jemanden angewiesen sein, der es beherrscht, ihm sagt, wo es längsgeht, und Befehle gibt. So jemand ist ein guter Soldat, ein guter Bürger, ein guter Nationalist, ein guter Christ, ein guter Moslem, ein guter Hindu. Ja, all das wird es sein, aber es wird nicht auf eigenen Beinen stehen. Es wird keine Wurzeln haben, es wird sein Leben lang entwurzelt sein. Es wird ohne Wurzeln leben, und wer ohne Wurzeln lebt, lebt im Elend, lebt in der Hölle.

So wie Bäume Wurzeln in der Erde brauchen, muss auch der Mensch in der Existenz verwurzelt sein; andernfalls wird er ein sehr einfältiges Leben führen.

Er mag es in der Welt durchaus zu etwas bringen, er mag berühmt werden …

Dazu nun folgende Geschichte:

Drei alte Freunde, alle Chirurgen, machen zusammen Urlaub. Kaum saßen sie am Strand in der Sonne, begannen sie anzugeben. Der Erste sagte: „Einmal kam ein Mann zu mir, der im Krieg beide Beine verloren hatte. Ich hab ihm künstliche Beine verpasst, und ob ihr‘s glaubt oder nicht: Heute gehört er zu den besten Sprintern der Welt! Ich rechne damit, dass er bei den nächsten Olympischen Spielen eine Goldmedaille kriegt.“

Der Zweite sagte: „Na ja, geht so. Eine meiner Patientinnen war aus dem dreißigsten Stock auf die Straße gefallen – sie hatte praktisch kein Gesicht mehr. Aber ich hab mich ja, wie ihr wisst, auf Schönheitschirurgie spezialisiert. Die Frau hättet ihr nach der Operation sehen sollen! Und wisst ihr, was neulich in der Zeitung stand? Sie ist zur Miss World gekürt worden!“

Der Dritte machte keine Anstalten etwas zu sagen. Die beiden sahen ihn an und fragten: „Und du? Was hast du in letzter Zeit gemacht?“

„Ach, nicht der Rede wert. Und außerdem ist die Sache *top secret.“*

Umso neugieriger wurden die Kollegen. Sie drängelten: „Wir sind doch unter uns und werden kein Wort verraten. Niemand wird etwas erfahren.“

Also gab er nach: „Okay, wenn ihr es mir versprecht. Man brachte mir einen Mann, der bei einem Verkehrsunfall seinen Kopf verloren hatte. Ich suchte verzweifelt nach einer Lösung und rannte raus in meinen Garten und erblickte einen Kohlkopf – und eine innere Stimme sagte mir: „Mach doch einfach eine Transplantation!“ Jetzt sitzt anstelle seines Kopfes ein Kohl auf seinem Hals. Und wisst ihr was? Heute ist er der Ministerpräsident von Indien!“

Ihr könnt ein Kind zerstören – Premierminister von Indien kann es allemal noch werden! Es ist also nicht von vornherein ausgeschlossen, ohne Intelligenz Erfolg zu haben. Es ist im Gegenteil schwieriger, mit Intelligenz erfolgreich zu sein; denn der intelligente Mensch ist erfinderisch, er ist stets seiner Zeit voraus und es dauert, bis man ihn versteht.

Der Dummkopf ist ohne weiteres zu verstehen. Er fällt nicht aus dem gesellschaftlichen Rahmen, auf ihn sind die Werte und Maßstäbe der Gesellschaft zugeschnitten. Aber es dauert Jahre, bevor die Gesellschaft ein Genie zu schätzen weiß. Ich sage ja nicht, das einer, der keine Intelligenz hat, nicht Erfolg haben oder berühmt werden kann – trotzdem ist und bleibt er ein Blender. Und das ist das Elend: Du kannst berühmt werden, aber wenn du ein Blender bist, wirst du deines Lebens nie froh. Du ahnst nicht, mit welchen Segnungen dich das Leben überschüttet – du wirst es nie erfahren. Denn dazu hast du nicht genug Intelligenz. Du wirst nie erkennen, wie schön die Schöpfung ist, weil du dafür kein Feingefühl hast. Du wirst niemals das reine Wunder erblicken, das dich umgibt, auf das du tagtäglich millionenfach stößt. Du wirst es nie erkennen, denn um es zu erkennen, bedarf es der enormen Fähigkeit zu verstehen, zu fühlen, zu sein.

Unsere Gesellschaft ist auf Macht aus. Unsere Gesellschaft ist nach wie vor völlig primitiv, völlig barbarisch. Eine Handvoll Leute – Politiker, Priester, Professoren –, ein paar Leute beherrschen Millionen. Und die Gesellschaft sorgt dafür, dass kein Kind Intelligenz haben darf. Aus purem Zufall kommt ab und zu ein Buddha auf die Erde.

Praktisch aus Versehen kommt es ab und zu vor, dass irgendwer den Fängen der Gesellschaft entschlüpft, dass irgendwer unvergiftet durchkommt. Offenbar ist der Gesellschaft dann irgendein Irrtum, irgendein Fehler unterlaufen. Normalerweise gelingt es der Gesellschaft, euch zu entwurzeln, euer Selbstvertrauen zu vernichten. Und wem das widerfahren ist, der wird nie wieder irgendwem vertrauen können.

Wer nicht fähig ist sich selbst zu vertrauen, wird niemals irgendwen lieben können. Das ist eine unumstößliche Wahrheit. Sie gilt ausnahmslos: Andere zu lieben vermag nur, wer sich selbst zu lieben vermag. Aber die Gesellschaft verdammt die Selbstliebe. Ihr zufolge ist sie egoistisch, ihr zufolge ist sie narzisstisch. Ja, Selbstliebe kann narzisstisch werden, muss es aber nicht. Sie kann nur dann narzisstisch werden, wenn sie nie über sich selbst hinausgeht; sie kann zu einer Art Selbstsucht werden, wenn sie sich nur auf sich selbst bezieht. Ansonsten aber beruhen alle anderen Formen der Liebe auf der Selbstliebe.

Wer sich selbst liebt, dessen Liebe beginnt früher oder später überzufließen. Wer sich selbst vertraut, kann niemandem misstrauen – nicht mal denen, die ihn reinlegen werden, nicht mal denen, die ihn schon reingelegt haben. Ja, nicht einmal denen kann er misstrauen, denn jetzt weiß er, dass Vertrauen der höchste Wert überhaupt ist.

Du kannst jemanden zwar betrügen, aber kannst du ihm damit schaden? Du kannst ihm Geld oder was auch immer abknöpfen. Wer aber weiß, wie schön Vertrauen ist, wird sich von solchen Lappalien nicht beirren lassen.

Er wird dich trotzdem lieben, er wird dir trotzdem vertrauen. Und dann geschieht ein Wunder: Wenn ein Mensch dir wirklich vertraut, ist es unmöglich, ihn zu betrügen, praktisch unmöglich.

Das kann man täglich auch selbst erleben … Wann immer du jemandem vertraust, machst du es ihm praktisch unmöglich, dich zu betrügen: Du sitzt irgendwo auf dem Bahnsteig neben irgendjemandem, einem wildfremden Menschen,und du bittest ihn: „Können Sie mal kurz auf mein Gepäck aufpassen, ich hab noch etwas vergessen?" – und gehst weg. Du vertraust einem völlig Fremden. Doch dann wirst du praktisch nie von dem Fremden betrogen. Hättest du ihm misstraut, hätte er dich betrügen können.

Vertrauen ist ein gewisser Bann: Wie könnte er dich betrügen, wenn du ihm offensichtlich vertraust? Wie könnte er so tief sinken? Würde er dich betrügen, könnte er es sich niemals verzeihen. Das menschliche Bewusstsein ist dergestalt, dass es vertraut und Vertrauen erwartet.

Vertrauen zu spüren, ist für jeden eine Freude – und erst recht, wenn man sich nicht kennt. Du hast keinen Grund ihm zu vertrauen – und dennoch vertraust du. Damit stellst du den Betreffenden auf ein so hohes Podest, ehrst du ihn dermaßen, dass er sich vor einem Fall aus solcher Höhe hüten wird. Andernfalls wird er sich das niemals verzeihen können, wird ihn sein Schuldgefühl bis ans Ende seines Lebens belasten.

Wer sich selber vertraut, wird erfahren, wie schön das ist. Er macht die Erfahrung, dass er umso mehr aufblüht, je mehr er sich selbst vertraut. Je mehr du in Losgelassenheit und in Entspannung lebst, desto mehr bist du in dir zu Hause und heiter, desto ruhiger, kühler und stiller bist du.

Und das ist so schön, dass du anfängst, immer mehr Menschen zu vertrauen. Denn je mehr du vertraust, desto mehr vertieft sich deine Ruhe und Gelassenheit ... bis hinunter zu deinem innersten Kern. Und je mehr du vertraust, desto höher steigst du auf. Wer vertraut, lernt früher oder später die Logik des Vertrauens kennen. Und irgendwann wird er dann zwangsläufig auch versuchen, dem Unbekannten zu vertrauen.

Fangt an, euch selbst zu vertrauen – das ist das Allererste. Darum geht es mir hier: das Misstrauen gegen euch selbst zu zerstören, zu dem man euch angestiftet hat, all die Verachtung zu zerstören, zu der man euch angehalten hat, und euch spüren zu lassen, dass ihr geliebt und geachtet werdet, dass die Existenz euch liebt.

Gott hat dich erschaffen, weil er dich liebt – und zwar in einem Maße liebt, dass er der Versuchung, dich zu erschaffen, nicht widerstehen konnte. Wenn ein Maler malt, dann aus Liebe. Wenn ein Dichter ein Lied komponiert, dann aus Liebe. Gott hat dich gemalt, dich gesungen, dich getanzt! Gott liebt dich! Und wenn dir das Wort Gott nichts sagt, spielt das keine Rolle – nenn es die Existenz, nenn es das Ganze.

Die Existenz liebt dich, sonst wärst du nicht hier. Entspanne dich – das Ganze weiß dich zu schätzen. Darum wird das Ganze nicht müde, in dir zu atmen, in dir zu pulsieren. Sobald du die gewaltige Achtung des Ganzen in dir spürst, und wie sehr es dich liebt und dir vertraut, wirst du in deinem Dasein Wurzeln schlagen – wirst du dir selbst vertrauen.

Erst dann kannst du mir vertrauen, erst dann könnt ihr euren Freunden, euren Kindern, eurem Mann, eurer Frau vertrauen. Erst dann könnt ihr den Bäumen und den Tieren und den Sternen und dem Mond vertrauen. Dann lebt man einfach nur noch als Vertrauen, dann geht es nicht mehr nur darum, diesem oder jenem zu vertrauen, sondern man vertraut. Und wer vertraut, ist religiös.

Nichts anderes bedeutet *Sannyas. Sannyas* wird all das rückgängig machen, was die Gesellschaft angerichtet hat. Die Priester, die Politiker, die Eltern, ja das gesamte Establishment sind nicht umsonst gegen mich! Das kommt nicht von Ungefähr. Mir ist klar, wie absolut, wie zwingend logisch das ist. Ich versuche, ihnen einen Strich durch die Rechnung zu machen. Ich sabotiere die gesamte Struktur unserer Sklavengesellschaft. Ich bemühe mich, Rebellen heranzuziehen, und zum Rebell wird man nur, wenn man anfängt, sich selbst zu vertrauen. Wenn ich euch dazu bringen kann, euch selbst zu vertrauen, ist euch geholfen. Sonst ist nichts nötig, alles andere ergibt sich dann ganz von selbst

NACHZUFORSCHEN IST RISKANT, ES FÜHRT INS UNBEKANNTE. Man weiß nicht, worauf man sich einlässt. Man lässt alles Bekannte, alles Gewohnte hinter sich und sticht einfach in See – ohne jede Gewähr, dass man am andern Ufer irgendetwas antrifft – oder ob es überhaupt ein anderes Ufer gibt.

Also klammern die Leute sich an den Gottesglauben, während sich die etwas Robusteren – die Intellektuellen, die Intelligenzia – an den Atheismus klammern. Aber beide sind Eskapisten, die vor dem Zweifel fliehen. Und wer vor dem Zweifel flieht, lässt die Finger vom Nachforschen.

Was ist der Zweifel denn? Er ist nichts weiter als ein Fragezeichen. Er ist nicht euer Feind, sondern lediglich ein inneres Fragezeichen, das euch anspornt nachzuforschen.

Der Zweifel ist euer Freund. Der Glaube hat Angst vor Zweifeln. Angst deswegen, weil er ihn verdrängt hat. Und alles Verdrängte werdet ihr fürchten, denn irgendwo in euch rumort es weiter und wartet nur darauf sich zu rächen. Und bei der leisesten Gelegenheit wird es irgendwann mit aller Macht explodieren. Euer Glaube sitzt auf einem Erdbebengebiet und jeden Tag wächst der Zweifel, weil ihr ihn unterdrückt, in Schach haltet. Irgendwann wird er so stark, dass du ihn nicht mehr unterdrücken kannst, er wird stärker als dein Glaube. Dann wirft das deinen Glauben um.

Vertrauen hingegen hat keine Angst vorm Zweifel; denn Zweifel und Vertrauen schließen einander nicht aus. Das Vertrauen benutzt den Zweifel, weil es sich darauf versteht, sich die Energie des Zweifels zunutze zu machen. Das ist der Unterschied zwischen Zuversicht und Glaube. Glaube ist verlogen; er erzeugt eine Art Woodoo, er bringt Heuchler hervor. Vertrauen hat eine gewisse erhabene Schönheit, strahlt etwas Wahres aus. Zweifel befördern sein Wachstum, dienen ihm als Dünger. Der Zweifel ist euer Freund und nicht euer Feind.

Und solange euer Vertrauen nicht durch viele Zweifel gegangen ist, bleibt es impotent. Wie sonst soll es auch erstarken? Wie sonst soll es standfest werden? Ohne jede Herausforderung bleibt es zwangsläufig schwach. Zweifel fordern es heraus. Nur indem euer Vertrauen die Herausforderung annimmt und sich mit ihm anfreundet, wird es weiter wachsen. Dann wirst du keine gespaltene Persönlichkeit sein, die ihre innersten Zweifel mit frommen Lippenbekenntnissen übertüncht. Nein, du wirst aus einem Guss sein, du wirst du selbst sein, auf eigenen Beinen stehen. Und genau diese Individualität wird in den alten Religionen „Seele" genannt.

Die Seele erwirbt man sich durch Zweifel, nicht durch Glauben. Dein Glaube ist nur eine Maske vor deinem ursprünglichen Gesicht. Vertrauen ist eine Verwandlung: du wirst immer illuminierter! Und weil du die Herausforderung des Zweifels annimmst wie einen Test, brauchst du nichts zu verdrängen. Nach und nach löst sich der Zweifel auf; denn seine Energie ist zu Vertrauen geworden. Tatsächlich wächst das Vertrauen durch Zweifel. Zweifeln ist aufkeimendes Vertrauen. Durchschaut eure Zweifel als das, was sie sind: nämlich aufkeimendes Vertrauen.

Zweifeln heißt Suchen, und Vertrauen ist das Ergebnis der Suche. Zweifeln ist die Frage und Vertrauen ist die Antwort – und ohne eine Frage ist jede Antwort ausgeschlossen. Erst die Frage hat die Antwort herbeigeführt. Hegt hier also keine Schuldgefühle! Ich bin gegen jede Form von Schuldgefühlen. Schuldgefühle sind absolut unangebracht.

Aber seit Menschgedenken haben Priester und Politiker und Puritaner sie benutzt. Schuldgefühle sind ein Trick, eine Strategie, um die Leute auszubeuten, für ihre Schuld zu büßen. Sobald es euch gelungen ist, ihnen Schuldgefühle zu machen, sind sie eure Sklaven. Aufgrund ihrer Schuld werden sie niemals aufrecht gehen können. Aufgrund ihrer Schuld werden sie sich niemals selbst akzeptieren können, werden sie alles verdammen. Aufgrund ihrer Schuld werden sie bereit sein, an alles zu glauben, nur um die Schuld loszuwerden. Sie werden sich auf den Kopf stellen, die idiotischsten Rituale ausführen, um die Schuld loszuwerden.

Seit Menschengedenken machen die Priester den Menschen Schuldgefühle. Alle sogenannten Religionen bauen auf eure Schuld – und keineswegs auf Gott. Sie haben nichts mit Gott zu tun, und Gott nichts mit ihnen. Sie leben von eurer Schuld. Dann habt ihr Angst; ihr wisst, dass ihr verkehrt seid. Also müsst ihr jemanden um Hilfe bitten, der nicht verkehrt ist. Ihr wisst, dass ihr unwert seid: Also müsst ihr euch vor denen verbeugen, denen dienen, die etwas wert sind. Ihr wisst, dass ihr euch selbst nicht vertraut, da ihr gespalten seid. Nur wer nicht gespalten ist, kann sich selbst vertrauen – seinem Gefühl, seiner Intuition. Euer Inneres zittert und bebt immerzu; ihr möchtet euch auf irgendwen stützen. Doch sobald ihr euch auf jemanden stützt, sobald ihr auf jemanden angewiesen seid, bleibt ihr kindisch, ihr bleibt zurück.

Geistig bleibt ihr im Kindesalter. Nie werdet ihr erwachsen, nie werdet ihr selbstständig. Und der Priester will nicht, dass ihr selbstständig werdet, weil er dann nichts mit euch anfangen kann. Nur als Abhängige kann er euch ausnutzen; nur als Abhängige seid ihr einträglich.

Schuldgefühle gleich welcher Art sind für mich abstoßend. Vergesst das bitte nicht: Wenn ihr euch in meinem Umfeld für irgendwas schuldig fühlt, geht mich das nichts an. Dann habt ihr mich noch nicht gehört, sondern hört nach wie vor innerlich auf eure Eltern, auf eure Priester.

Auf mich jedenfalls hört ihr nicht: Ich möchte, dass ihr vollkommen frei von aller Schuld seid. Ein religiöser Mensch ist frei von Schuldgefühlen. Das ist meine Definition eines religiösen Menschen. Macht euch euren Zweifel zunutze: Es ist schön, zu zweifeln, denn das verhilft eurem Vertrauen zu reifen. Wie könnte es auch anders sein? Das Zweifeln muss schön sein; nur dadurch wird das Vertrauen ausgewogen. Nur wenn ihr zweifelt, treibt euer Vertrauen Blätter und Blüten. Der Weg zur goldenen Morgendämmerung führt über die tiefe Nacht des Zweifelns. Die dunkle Nacht ist nicht der Feind des Morgens – vielmehr trägt sie ihn aus. In tiefster Nacht schickt sich die Dämmerung an zu kommen.

Stellt euch vor, dass Zweifel und Vertrauen einander ergänzen – genauso wie Mann und Frau, wie Tag und Nacht, Sommer und Winter, Leben und Tod.

Denkt immer daran, dass solche Gegensatzpaare einander zwangsläufig ergänzen und keineswegs Gegensätze sind. Mögen sie, oberflächlich betrachtet, auch noch so gegensätzlich erscheinen – im Grunde sind sie befreundet, helfen sie sich gegenseitig. Und bedenkt: Wer kein Vertrauen hat, kennt auch keinen Zweifel – da er nichts zu bezweifeln hat. Nur wer Vertrauen hat, kann zweifeln: und zwar nur, weil er vertraut!

Vertrauen ist die höchste Form der zweifelnden Energie. Der Zweifel ist die unterste und das Vertrauen die oberste Stufe ein und derselben Skala. Nutzt den Zweifel – und zwar mit Freuden! Und habt keinerlei Schuldgefühle... Manchmal große Zweifel zu haben, was mich betrifft, ist völlig menschlich und natürlich – sowie große Zweifel über das Treiben hier. Das ist durchaus menschlich, das liegt auf der Hand. Es wäre verwunderlich, wenn es nicht so wäre. Aber vergesst nicht, dass man zum Vertrauen gelangen muss. Nutzt den Zweifel; aber das Ziel, die oberste Stufe dürft ihr nicht aus den Augen verlieren. Selbst wenn ihr auf der untersten steht, schaut auf die oberste – dahin geht die Reise! Tatsächlich wird euch der Zweifel schon auf Trab bringen, denn der ist einfach nicht auszuhalten.

Habt ihr das nicht schon bemerkt? Wenn man zweifelt, fühlt man sich unwohl. Registriert das einfach nur und missversteht es nicht als Schuldgefühl. Wie sollte man sich auch nicht unwohl fühlen, schließlich steht man auf schwankendem Boden! Zweifeln heißt, dass man sich nicht schlüssig ist, dass man sich noch nicht einig ist: Ein unangenehmes Gefühl! Man ist eine Masse – nicht nur einer, sondern viele. Ein unangenehmes Gefühl! Man ist in sich zerstritten, es herrscht großer Lärm in einem: Ein Teil will hierhin, ein anderer dorthin … Wie kann man bei diesem Gezerre wachsen? Von so dicker Luft, solchem Zoff wird einem ja angst und bange, wird einem mulmig.

Niemand kann mit Zweifeln und in Zweifeln leben. Dein Zweifel wird dich anspornen zu vertrauen. Er sagt: „Such dir einen Ort, wo du dich entspannen kannst, wo du du selbst sein darfst, restlos." Der Zweifel ist dein Freund, er sagt einfach: „Hier bist du nicht daheim. Bloß weg hier, mach dich auf die Suche, geh woanders hin, dreh jeden Stein um."

Er weckt deinen Forscherdrang, deine Abenteuerlust. Sobald dir aufgeht, dass der Zweifel dein Freund ist, dass er dich gar nicht vom Vertrauen abbringen will, sondern dich ihm in die Arme treibt, verfliegt plötzlich das Schuldgefühl. Du freust dich riesig. Auch wenn du zweifelst, tust du es frohen Herzens, tust du es bewusst, und lässt dir von ihm helfen, zum Vertrauen zu finden. Das ist völlig normal!

Glaube kommt von außen, Vertrauen von innen

DIE SOGENANNTEN RELIGIÖSEN LEUTE HATTEN NIE VERtrauen in die Natur des Menschen. Sie reden zwar von Vertrauen, haben aber der Existenz nie vertraut. Sie vertrauen Vorschriften, Gesetzen, aber nie der Liebe. Sie reden von Gott, aber alles, was sie sagen, ist leeres Gerede. Sie vertrauen der Polizei, den Gerichten. Sie vertrauen dem Höllenfeuer. Sie vertrauen darauf, Angst und Gier zu schüren. Wer fromm ist und brav und moralisch, kommt in den Himmel und genießt alle Freuden des Paradieses. Aber wehe dem, der nicht moralisch ist, der muss in der Hölle schmoren – auf ewig, wohlgemerkt, auf immer und ewig.

So viel zu Angst und Gier. Sie haben den Geist des Menschen mithilfe von Angst und Gier gegängelt. Jetzt wollen sie euch von Angst und Gier befreien – und alles, was sie predigen, beruht darauf. Von Vertrauen keine Spur …

Glauben kommt aus dem Kopf, Vertrauen aus dem Herzen. Kopf und Herz sind verschieden, nicht nur grundverschieden, sondern genau entgegengesetzt. Schließt euch nie einem Glaubenssystem an, werdet weder ein Hindu, ein Jaina, ein Moslem, ein Buddhist. Wer einem Glaubenssystem angehört, wird versklavt. Zweifel und Glaube sind nicht unterschiedlich, sondern die zwei Seiten ein und derselben Medaille. Dies gilt es vor allem zu verstehen.

Denn wenn Menschen glauben, meinen sie, ihre Zweifel überwunden zu haben. Glauben ist dasselbe wie Zweifeln, denn beides kommt aus dem Verstand.

Euer Verstand bestreitet, sagt Nein, findet keinen Beweis, der euch gestattet Ja zu sagen – also zweifelt ihr. Irgendwann findet er Argumente, um Ja zu sagen, Beweise, um Ja zu sagen, und ihr glaubt es. In beiden Fällen habt ihr Gründe, in beiden Fällen habt ihr Argumente. Der Unterschied ist nur oberflächlich; so oder so stützt ihr euch auf die Vernunft.

Vertrauen heißt, auf die Vernunft zu pfeifen. Das ist Wahnsinn, das ist irrational! Und vergesst nicht, Vertrauen ist kein Glaube. Vertrauen ist eine persönliche Begegnung. Glaube stammt von anderen, wird übernommen. Euer Glaube ist eine Prägung, die ihr euren Eltern, eurer Kultur und eurer Gesellschaft verdankt. Ihr hinterfragt ihn nicht weiter und seid nicht persönlich daran interessiert. Ihr habt ihn übernommen – und alles Übernommene, das man sich nicht innerlich erarbeitet hat, ist eine Fassade. Es ist ein aufgesetztes, ein Sonntagsgesicht: Sechs Tage lang seid ihr völlig anders, und dann geht ihr zur Kirche und setzt eine Maske auf.

Achtet mal drauf, wie die Leute sich in der Kirche verhalten – wie sanft, wie menschlich … dieselben Leute! Selbst ein Mörder geht zur Kirche und betet, und seht ihm mal ins Gesicht: Wie schön und unschuldig es wirkt; dabei hat dieser Mann andere umgebracht. Für die Kirche setzt man sein Sonntagsgesicht auf, und ihr wisst genau, wie das geht. Man hat es euch beigebracht. Von Kindesbeinen an hat man euch dazu angehalten.

Glaube ist anerzogen, Vertrauen wächst von selbst.

Solange ihr klein und unwissend seid, sagt die ganze

Gesellschaft: „Du musst glauben." Ich aber sage euch: Zweifeln ist besser als ein geheuchelter Glaube. Zweifeln ist deswegen besser, weil es euch unglücklich macht. Glauben tröstet; Zweifeln macht unglücklich. Und wer unglücklich ist, wird sich um Vertrauen bemühen müssen.

Dies ist das Dilemma, das Dilemma, an dem sich die ganze Welt die Zähne ausbeißt. Weil ihr glaubt, habt ihr vergessen, euch um Vertrauen zu bemühen. Weil ihr glaubt, könnt ihr nicht mehr vertrauen. Weil ihr glaubt, seid ihr wandelnde Leichen – ob als Christen, Hindus, Muslime – und geht am Wesentlichen vorbei. Weil ihr glaubt, haltet ihr euch für religiös. Dann braucht ihr nicht mehr zu suchen.

Ehrlicher Zweifel ist besser als verlogener Glaube. Wenn euer Glaube verlogen ist … und jeglicher Glaube, der nicht in einem selbst herangewachsen ist, den man weder fühlt noch bis in jede Faser erfahren hat, ist verlogen. Aller Glaube ist verlogen!

Seid ehrlich – zweifelt, leidet. Nur wer leidet wird eines Tages verstehen. Nur wer leidet, wird irgendwann begreifen, dass es sein Zweifel ist, woran er leidet. Und dann steht der Transformation nichts mehr im Wege.

Euer Glaube ist geheuchelt, darunter lauert der Zweifel – oberflächlich verdeckt von einer Glaubenstünche. Im Grunde zweifelt ihr, aber aus Angst, weil ihr euch das nicht eingestehen könnt, klammert ihr euch an den Glauben, macht ihr weiter die Gesten des Glaubens. Macht noch so viele Gesten – zur Wirklichkeit werden sie euch nicht führen.

Ihr könnt in einen Tempel gehen und euch verbeugen – mit der Geste des Gottvertrauens. Aber wachsen werdet ihr nicht, weil in eurem Innersten statt Vertrauen Zweifel herrschen. Der Glaube ist einfach übergestülpt.

Das ist genauso, wie jemand zu küssen, den man nicht liebt. Äußerlich ist alles gleich: Man tut so, als würde man küssen. Für einen Wissenschaftler ist alles gleich. Wenn man jemand küsst, kann kein Foto nachweisen, ob ihr euch liebt oder nicht! Alles – der physiologische Vorgang, die Mund-zu-Mund-Übertragung von Millionen Bakterien – ist haargenau gleich. Keine wissenschaftliche Beobachtung könnte den geringsten Unterschied erkennen; für einen Wissenschaftler wären beide Küsse genau gleich.

Doch wie ihr sehr wohl wisst, geschieht, wenn ihr einander liebt, zwischen euch etwas Unsichtbares, das kein Gerät nachzuweisen vermag. Wenn man den andern nicht liebt, kann man ihn zwar küssen, aber zwischen euch spielt sich nichts ab – findet kein Energieaustausch, keine Kommunion statt. Genauso ist es mit Glauben und Vertrauen.

Vertrauen ist ein Kuss mit Liebe, mit zutiefst liebendem Herzen, und Glaube ist ein Kuss ohne alle Liebe.

Wie es also angehen? Erforscht zunächst euren Zweifel. Werft den geheuchelten Glauben raus. Steht zu eurem Zweifel, seid aufrichtig. Eure Aufrichtigkeit wird helfen: Denn wie könnte euch entgehen, wenn ihr ehrlich seid, dass ihr nur deswegen leidet, weil ihr zweifelt?! Wenn ihr aufrichtig seid, ist das nicht zu übersehen, werdet ihr früher oder später erkennen, dass euch eure Zweifel immer nur unglücklicher gemacht haben.

Je tiefer man im Zweifel versinkt, desto verzweifelter wird man. Und man wächst nur durch Verzweiflung. Irgendwann hat man sie satt, wird sie unerträglich, hört man damit auf. Genauer gesagt, hört man nicht von sich aus damit auf, sondern vor Unerträglichkeit hört sie von selber auf. Und sobald ihr ihretwegen genug gelitten habt, ist der Zweifel wie weggeblasen, nähert ihr euch dem Vertrauen.

Wer vertrauen kann, entspannt sich. Und sobald ein Zweifel auftaucht, verkrampft sich das Herz. Denn das vertrauende Herz entspannt sich; wenn es aber zweifelt, zieht es sich zusammen.

Gewöhnlich merken die Leute das nicht. Vielmehr bleibt ihr Herz andauernd in einem geschrumpften Zustand, sodass sie gar nicht mehr wissen, wie sich ein entspanntes Herz anfühlt. Da sie den Unterschied gar nicht kennen, meinen sie, alles wäre in Ordnung. Aber von hundert Menschen leben neunundneunzig mit einem zusammengezogenen Herzen.

Je mehr man im Kopf ist, desto mehr schrumpft das Herz. Wenn man nicht im Kopf ist, öffnet sich das Herz wie eine Lotusblüte ... und ein offenes Herz ist ein herrlicher Anblick! Dann ist man wirklich wach und das Herz ist entspannt. Aber das Herz entspannt sich nur, wenn es vertraut, wenn es liebt.

Mit Misstrauen kommt der Verstand ins Spiel. Und dieser Zweifel ist das Tor des Verstandes. Es ist wie mit einem Köder ... Man fischt mit einem Köder: Der Zweifel ködert den Verstand; wer anbeißt, fällt dem Verstand zur Beute. Hört also weg, wenn der Zweifel aufkommt.

Was nicht heißen soll, dass er immer falsch ist – das will ich nicht sagen. Ich bin der Letzte, der das sagen würde. Euer Zweifel mag durchaus stimmen. Doch selbst dann ist er falsch – weil er euer Herz zerstört; das ist es nicht wert.

Zum Beispiel: Ihr teilt in der Fremde ein Zimmer mit einem Unbekannten und fragt euch, ob er ein Dieb oder Hallodri ist. Ist es angebracht, das Zimmer mit diesem Mann zu teilen? Selbst wenn er ein Verbrecher oder ein Mörder ist – dein Misstrauen ist unangebracht. Es ist besser, vertrauend zu sterben als misstrauisch zu leben. Es ist besser ausgeraubt zu werden als ein misstrauischer Millionär zu sein. Einer, der dich ausraubt, kann dir nichts anhaben. Aber wenn du misstraust, verlierst du dein Herz.

Wenn ich euch also empfehle zu vertrauen, sage ich damit nicht, dass euer Vertrauen angebracht ist – durchaus nicht. Euer Vertrauen wird euch oft genug in Schwierigkeiten bringen. Und je mehr man vertraut, desto verletzbarer wird man. Und je mehr man vertraut, desto öfter fällt man Leuten zum Opfer, die auf Betrug aus sind. Sie schätzen arglose Leute, weil sie sonst niemanden zum Betrügen haben. Und trotzdem sage ich: Lasst euch lieber betrügen. Das kommt euch nicht so teuer zu stehen wie ständiges Misstrauen. Wenn ihr wählen müsst, ob ihr lieber betrogen werden oder misstrauisch sein wollt, ist es besser, betrogen zu werden. Sobald dies verstanden ist, kann euch der Zweifel nichts anhaben.

Die Macht des Zweifels beruht auf seiner Gerissenheit. Die Macht des Zweifels beruht darauf, dass er euch warnt: „Lass dich nicht reinlegen – ich werde dich schützen."

Das Misstrauen sagt: „Nichts gegen Vertrauen ... vertraue nur, aber schau genau hin! Misstraue erst und dann vertraue. Vertraue erst, wenn du überzeugt bist, dass jeder Betrug ausgeschlossen ist."

Der Zweifel würde nie sagen: „Ich bin gegen Vertrauen." Nein, er beteuert stets: „Ich will dir ja nur helfen, jemand zu finden, dem du vertrauen kannst." Aber so jemanden werdet ihr nie finden, denn kaum habt ihr euch ans Misstrauen gewöhnt, wird die Sache chronisch.

Selbst wenn ihr dereinst vor Gott steht, werdet ihr noch zweifeln. Denn es hat nichts mit eurem Gegenüber zu tun, sondern ist reine Gewohnheit – die sich nicht sofort ablegen lässt.

Wer ihn sein ganzes Leben lang gehegt und gepflegt und gehätschelt hat, kann ihn nicht so einfach beiseite lassen. Viele Male wird sein Vertrauen ihn in Bedrängnis bringen und Gefahren aussetzen. Es wird ihn verletzbarer machen; er wird leichter zu betrügen und zu täuschen sein. Aber dennoch sage ich: Koste es, was es wolle – euer Vertrauen ist der einzige Schatz, den es zu schützen gilt. Und wenn euch das klar ist, wird euer Herz es euch sofort wissen lassen, wenn mit eurem System irgendetwas nicht stimmt.

Ihr werdet spüren, was Vertrauen und was Zweifel ist, und was sie jeweils mit euch machen. Sobald ihr spürt, dass sich etwas im Herzen zusammenzieht, schaut sofort in euch nach – irgendwo haben sich Zweifel geregt. Irgendwo hat sich euer Vertrauen verkrochen. Irgendwo seid ihr nicht mehr mit dem Leben in Einklang, habt ihr euch zurückgezogen.

Zweifeln trennt – Vertrauen eint. Und wenn ihr eins seid, kann das Herz frei fließen – rhythmisch und harmonisch.

Das ist es, was ich heilig nenne. Wer im Herzen ist, wessen Herz aufblüht, ist ein heiliger Mensch. Wer im Kopf ist – kalkulierend und clever –, der ist unheilig.

Vertrauen kann man nicht künstlich erzeugen

ES GIBT NICHTS UNMORALISCHERES, ALS EIN HEUCHLER zu sein – weil er vortäuscht, etwas ganz anderes zu sein als er wirklich ist. Das Gesicht, das er anderen zeigt, verbirgt die Wirklichkeit dahinter. Er lebt hinter Masken. Er hat alles Natürliche, Spontane zerstört, weil er auf ein „gutes, höfliches Benehmen" Wert legt. Er glaubt, man müsse die Leute zwingen gut zu sein.

Leider ist es völlig ausgeschlossen, jemanden zu zwingen gut zu sein. Im Gegenteil: Indem man jemanden zwingt gut zu sein, zwingt man ihn schlecht zu sein, denn wenn er Mumm hat, wird er sich dagegen wehren. Falls er noch einen Funken Intelligenz hat, wird er es sich nicht gefallen lassen und genau das Gegenteil davon werden, was man mit ihm vorhatte. Solange ihr nicht aus innerstem Antrieb, aus Liebe und Vertrauen gehorcht, ist euer Gehorsam abstoßend. Wenn er jedoch aus eurem Innersten kommt, ist es kein Gehorsam – denn dann folgt ihr ja keinem anderen als euch selbst. Ein künstliches Vertrauen ist kein Vertrauen, es wäre verlogen, es wäre unaufrichtig. Es wäre nur oberflächlich ohne euer Inneres je zu berühren. Alles Gekünstelte bleibt oberflächlich, einfach weil alles Gekünstelte aus dem Verstand kommt. Vertrauen lässt sich nicht künstlich erzeugen. Man kann niemandem beibringen zu lieben.

Gefährlich werden die Zeiten sein, da man den Leuten das Lieben beibringt! Denn sie werden ihre Lektion lernen und sich genauso verhalten: technisch perfekt, aber ohne Herz.

Alles zutiefst Innere muss sich von selber entfalten. Was also tun? Es gibt nur Eines, was zu geschehen hat – nämlich die Hindernisse aus dem Weg zu räumen. Vertrauen lässt sich zwar nicht hervorlocken; Hindernisse können jedoch entfernt werden. Ohne Hindernis kommt es, fließt es.

Man kann Vertrauen zwar nicht künstlich erzeugen, wohl aber Zweifel fallen lassen. Also muss man dem zweifelnden Verstand auf die Schliche kommen, wie genau er funktioniert, wieso man zweifelt. Man muss ganz genau durchschauen, warum man zweifelt; denn das Zweifeln steht dem vertrauen im Wege.

Kaum verschwindet der Zweifel, ist plötzlich Vertrauen da – es ist seit jeher dagewesen. Nur lag ein Fels im Wege und ließ seine Quelle nicht sprudeln. Ihr bringt Vertrauen mit. Jedes Kind kommt mit Vertrauen zur Welt, jedes Kind ist vertrauensvoll, also braucht sein Vertrauen nicht künstlich erzeugt zu werden. So wird jeder geboren: Es ist eingebaut, ihr besteht aus Vertrauen.

Doch nach und nach lernt das Kind zu zweifeln. Wir alle, genauer gesagt die Gesellschaft, die Familie, die Schule, die Universität – sie alle bringen einem das Zweifeln bei. Denn wer nicht zweifeln kann, ist auch nicht clever und gerissen genug für diese tolle Wettbewerbswelt und wird untergehen.

Das Zweifeln muss also erlernt werden; und sobald es beherrscht wird, vergisst man das Vertrauen allmählich. Es verzieht sich tief nach innen, wo es schwer erreichbar ist, zu viele Hindernisse sind im Weg. Man kann es nicht künstlich erzeugen, man kann es ist nicht lehren. Es bleibt einem nichts anderes übrig, als den Rückwärtsgang einzulegen: Ihr habt das Zweifeln gelernt – verlernt es jetzt wieder!

Das Vertrauen war da, es ist da, es wird da sein. Alles, was zu geschehen hat, betrifft den Zweifel. Warum zweifelt ihr? Wovor diese Angst? Denn Zweifel sind Ängste. Wenn ihr jemanden liebt, zweifelt ihr nicht, denn die Angst ist wie weggefegt. Entweder man liebt, oder man hat Angst. Aber wenn ihr nicht liebt, zweifelt ihr. Je fremder der andere ist, je weniger ihr ihn kennt, desto mehr zweifelt ihr. Zweifel und Angst gehören zusammen. Im Grunde herrscht Angst.

Wenn ihr noch tiefer geht, stoßt ihr auf den Tod – ihr zweifelt aus Angst vor dem Tod. Und offenbar wollen alle euch töten – jeder kämpft, will dich ausstechen, dich aus dem Weg räumen, dich entthronen. Zweifel ist Todesangst. Man muss verstehen, wie alles zusammenhängt. Und was dann? Woher kommt die Todesangst? Ihr habt den Tod nie kennengelernt. Ihr mögt gesehen haben, wie jemand stirbt, aber den Tod habt ihr nie gesehen.

Was geschieht, wenn jemand stirbt? Wisst ihr wirklich, ob er stirbt, oder verschwindet er einfach nur in eine andere Welt? Ihr zweifelt ohne Grund, ihr fürchtet euch ohne Grund – das sind alles nur Vermutungen des Verstandes. Was denkt ihr, wenn jemand stirbt? Dass er wirklich stirbt oder einfach nur in eine andere Welt verschwindet, auf eine andere andere Lebensebene umzieht? Das könnt ihr nur herausfinden, wenn ihr in tiefer Meditation seid.

Wenn das Denken stillsteht, erkennt ihr plötzlich, dass ihr nicht der Körper seid. Also rate ich euch nicht, zuerst zu vertrauen, sondern zuerst zu meditieren.

Das ist der Unterschied zwischen Meditation und Gebet. Leute, die das Beten lehren, sagen immer: „Vertraut zuerst, wie sonst könnt ihr beten? Vertrauen ist nötig, als Grundvoraussetzung, andernfalls könnt ihr nicht beten. Wie könnt ihr beten, wenn ihr Gott nicht vertraut?"

Ich lehre Meditation, denn meditieren kann man auch ohne Vertrauen als Grundvoraussetzung. Meditation ist eine Wissenschaft und kein Aberglaube. Sie empfiehlt euch nur, mit eurem Verstand zu experimentieren – er wimmelt von Gedanken; Gedanken kann man vertreiben, Wolken kann man vertreiben – und so zum leeren Himmel des inneren Seins gelangen. Dazu ist kein Vertrauen nötig – nur ein wenig Mut, ein wenig Mühe, ein wenig Mumm, ein wenig Ausdauer und Durchhaltevermögen, ein wenig Geduld auch, aber kein Vertrauen.

Du glaubst nicht an Gott? Das hindert dich nicht, zu meditieren. Du glaubst nicht an die Seele? Das hindert dich nicht, zu meditieren. Du glaubst überhaupt nicht? Auch das ist kein Hindernis. Meditiere einfach, denn da brauchst du nur in dich zu gehen: Ob es eine Seele gibt oder nicht, spielt keine Rolle; ob es einen Gott gibt oder nicht, spielt keine Rolle. Eines steht fest, dass es dich gibt. Ob es dich nach dem Tod gibt oder nicht, spielt keine Rolle. Es kommt einzig und allein darauf an, dass es dich jetzt im Augenblick gibt. Wer bist du? Dies zu ergründen, heißt Meditieren: Dein eigenes Sein unter die Lupe zu nehmen. Vielleicht ist es vergänglich, vielleicht bist du nicht ewig; vielleicht ist mit dem Tod alles aus. Wir machen nicht zur Bedingung, dass du etwas glauben musst. Wir fordern dich nur auf zu experimentieren.

Versuch es einfach mal, irgendwann geschieht es: Keine Gedanken sind da. Und auf einmal, so ganz ohne Gedanken, bist du getrennt von deinem Körper! Und die Gedanken bilden die Brücke. Du bist nur durch sie mit deinem Körper verbunden – die sind das Bindeglied. Plötzlich verschwindet das Bindeglied – du bist da, der Körper ist da, und zwischen beiden ein unendlicher Abgrund. Dann erkennst du, dass der Körper sterben wird, *du* aber nicht sterben kannst.

Dann hat es nichts mit einem Dogma zu tun, ist es kein Glaube, sondern eine Erfahrung, die für sich spricht. An dem Tag verschwindet der Tod; an dem Tag verschwindet der Zweifel, denn von jetzt an brauchst du dich nicht mehr ständig zu wehren: Niemand kann dich zerstören – du bist unzerstörbar. So entsteht Vertrauen, es fließt über und in diesem Vertrauen zu sein, heißt in Ekstase sein, heißt in Gott zu sein; heißt erfüllt zu sein.

Statt also künstlich zu vertrauen, rate ich euch: Experimentiert mit Meditation! Geht es mal aus einem anderen Blickwinkel an. Zweifeln heißt Denken. Je mehr man zweifelt, desto mehr denkt man. Alle großen Denker sind Skeptiker – zwangsläufig. Skeptik macht nachdenklich.

Wer Nein sagt, muss nachdenken. Wer denkt, sagt Nein. Ohne Zweifel kein Denken. Wer nicht zweifeln kann, denkt auch nicht, kann kein großer Denker werden. Je mehr man also zweifelt, desto mehr denkt man nach; je mehr man nachdenkt, desto mehr zweifelt man.

Meditation ist der Ausweg aus dem Denken. Kaum sind keine Gedankenwolken mehr da und das Denken steht still – und sei es auch nur für einen Augenblick – geht dir ein Licht auf, wer du bist.

Descartes, einer der bedeutendsten westlichen Denker, hat gesagt: „Ich denke, also bin ich – *Cogito, ergo sum.*" Und Descartes ist der Vater der neuzeitlichen westlichen Philosophie. Die Erfahrung des Ostens ist seit jeher genau entgegengesetzt …

Buddha, Nagarjuna, Shankara, Laotse, Tschuangtse würden über Descartes und sein „Ich denke, also bin ich" lachen, denn sie sagen: „Ich denke nicht, also bin ich." Denn nur wenn das Denken aufhört, erkennt man, wer man ist. In einem nichtdenkenden Bewusstseinszustand erkennt man sich selbst; nicht durch Denken, sondern durch Nichtdenken. Meditieren ist Nichtdenken. Meditation bemüht sich um den Nichtverstand.

Zweifeln heißt Denken. Der Ausdruck „ein zweifelnder Kopf" wäre wie „ein schwarzer Rappe" – doppelt gemoppelt. Denken ist Zweifeln, Zweifeln ist Denken. Wer aufhört zu zweifeln, hört auf zu denken – und umgekehrt. Und dann offenbart sich seinem Innern die unerschütterliche Wahrheit – ein Gipfel aus Licht, Ewigkeit, Zeitlosigkeit. Und dann ist da Vertrauen.

Wie könnt ihr im Moment vertrauen? Im Moment wisst ihr nicht mal, wer ihr seid – wie könntet ihr da vertrauen? Und du fragst: *„Kann man Vertrauen erzeugen?"* Niemals. Versuch es gar nicht erst. Diese Dummheit haben viele begangen. Dann werden sie verlogen, unauthentisch, unecht. Es ist besser, ein Neinsager zu sein, aber ehrlich, denn dann besteht zumindest die Möglichkeit, dass du eines

Tages durch Aufrichtigkeit ein authentischer Jasager wirst. Nur darfst du nicht eher Ja sagen, als bis es von innen aufsteigt und dich überwältigt.

Die ganze Welt wimmelt von pseudoreligiösen Leuten: Die Kirchen, Tempel, Gurudwaras, Moscheen sind voll von Gläubigen! Woher kommt es dann bei so vielen frommen Leuten, dass die Welt so areligös ist? Wie kommt dieses Wunder zustande? Alle sind fromm, aber die Welt insgesamt ist gottlos … Es ist eine Scheinreligion. Die Leute täuschen ihr Vertrauen nur vor.

Vertrauen ist zu Glauben geworden und keine Erfahrung mehr. Ihr seid dazu angehalten worden zu glauben. Ihr seid dazu angehalten worden zu glauben; ihr wurdet nicht angehalten zu erkennen – das war der Sündenfall der Menschheit. Glaubt niemals!

Wenn ihr nicht vertrauen könnt, ist es besser zu zweifeln; denn nur wenn ihr zweifelt, ergibt sich irgendwann eine Chance … ihr ertragt es nämlich nicht, stets zu zweifeln. Zweifeln ist ein Leiden, eine Krankheit. Wer zweifelt, quält sich und bleibt gespalten und unschlüssig. Immer zu zweifeln ist ein Albtraum, den man loswerden will – früher oder später will man da raus aus dem Dilemma. Daher ist es besser ein Atheist zu sein, statt zu glauben – scheinbar zu glauben.

Jeglicher Glaube ist geborgt, stammt von anderen. Ihr selbst seid nicht erblüht. Und wie kann euch etwas Erborgtes zum Wirklichen, dem absolut Wirklichen führen? Vergesst alles Übernommene. Es ist besser ein Bettler zu sein als reich. Reich nicht durch eigenen Verdienst, sondern durch Diebesgut, reich durch geborgte Sachen, reich durch Tradition, durch geerbten Reichtum.

Euer Glaubensreichtum ist dagegen armselig. Ein solcher Glaube geht, wenn überhaupt, grad mal bis unter die Haut. Kratzt ein wenig, und der Unglaube kommt zum Vorschein. Du glaubst an Gott; dann machst du Pleite, und plötzlich bist du ungläubig und sagst: „Mein Glaube ist hin, ich glaube nicht mehr an Gott." Du glaubst an Gott, und der geliebte Mensch stirbt, und schon ist der Unglaube da. Du glaubst an Gott, und schon beim Tod dieses geliebten Menschen zerbricht dein Glaube?! Er ist nicht viel wert.

Vertrauen kann man nicht zerstören – wenn es einmal da ist, kann nichts es zerstören. Dann kann ihn nichts, absolut nichts zerstören.

Denkt also dran: es gibt einen riesigen Unterschied zwischen Vertrauen und Glauben. Vertrauen ist persönlich; ein Glaube ist gesellschaftlich. Ins Vertrauen müsst ihr hineinwachsen; in einem Glauben könnt ihr bleiben, egal was ihr seid, und ein Glaube kann euch übergestülpt werden. Jeder Glaube verdrängt irgendwo den Zweifel, unterdrückt ihn. Nur keine Sorge, lasst den Zweifel ruhig kommen. Jeder muss eine dunkle Nacht durchstehen, ehe er zum Sonnenaufgang gelangt.

Jeder muss durch die Zweifel. Lang ist die Reise, dunkel ist die Nacht. Wenn jedoch nach der langen Reise und der dunklen Nacht der Morgen dämmert, dann wisst ihr, dass sich alles gelohnt hat. Vertrauen lässt sich nicht erzeugen. Und versucht es auch gar nicht erst – genau das hat die gesamte Menschheit getan.

Aus künstlichem Vertrauen wird ein Glaube. Entdeckt es in euch, erzeugt es nicht künstlich. Geht tiefer in euch, bis hinunter zur Quelle eures Daseins, und entdeckt es!

2. Über Wert und Unwert

Vertrauen kennt keine Adresse.

ES SPIELT KEINE ROLLE, WEM IHR VERTRAUT: GOTT ODER Jesus oder Buddha – denkt daran. Wenn ihr vertraut, vertraut ihr einfach. Wenn ein Christ sagt: „Für mich gibt es nur Jesus, nicht Buddha!", dann hat er keine Ahnung, was Vertrauen heißt; denn Vertrauen kennt keine Grenzen.

Wer wirklich auf Jesus vertraut, der vertraut auch auf Buddha, weil es für ihn da keinen Unterschied gibt. Mag sein, die Sprachen sind verschieden, mag sein, sie drücken sich verschieden aus, doch Vertrauen kann schnurstracks aufs Wesentliche schauen, zum Kern der Sache gehen und erkennen, dass sich Jesus und Buddha auf derselben Bewusstseinsebene befinden, beide allwissend, erleuchtet sind. Wer Buddha vertraut, der vertraut auch Krishna und Mohammed. Wer mir vertraut, der vertraut auch Christus, der vertraut auch Zarathustra.

Vertrauen kennt keine Adresse. Es ist nicht adressiert. Vertrauen ist eine innere Qualität. Wenn die da ist, ist sie da. Das ist so, als ob man eine Lampe ins Zimmer stellt. Jetzt fällt ihr Licht nicht nur auf den Tisch, sondern auch auf den Stuhl. Und nicht nur dorthin, sondern auch auf die Wände und auf die Bilder, die an den Wänden hängen.

Es fällt nicht nur auf die Wände, sondern auch auf den Fußboden und an die Decke. Sobald im Zimmer das Licht angeht, fällt es einfach auf alles, was da ist. Das gilt auch fürs Vertrauen. Es ist ein Licht. Wenn das Vertrauen im Herzen erwacht, macht es keine Unterschiede. Dann vertraust du Gott, vertraust du Jesus, vertraust du deiner Frau, vertraust du deinem Mann, vertraust du deinem Sohn, vertraust du deinem Freund. Du vertraust deinem Feind. Du vertraust der Natur, du vertraust dem Tod, du vertraust der Unsicherheit … kurz, du vertraust einfach.

IN DEINEM INNERSTEN IST LICHT. JE WEITER WIR UNS DAVON entfernen, vom Mittelpunkten in Richtung Umkreis, desto tiefer wird das Dunkel. Je weiter wir uns von uns selber entfernen, desto mehr tappen wir im Dunkeln; je mehr wir uns uns selber nähern, desto mehr sind wir im Licht.

Mir geht es hier einzig und allein darum, euch die Augen dafür zu öffnen, dass das Wirkliche heilig ist, dass dieses ganze Leben göttlich ist. Das aber ist nur zu erkennen, wenn man sein Inneres erforscht. Solange man nicht um sein eigenes inneres Licht weiß, kann man es auch nicht woanders erkennen. Kaum hat man es aber in sich selber erfahren, ist es überall zu finden. Dann birst die gesamte Existenz vor Licht, vor Freude, vor Bedeutung und Poesie, und man ist andauernd dankbar.

Es gibt einen tiefen natürlichen Drang, heil und ganz zu werden; es gibt einen tiefen Drang zu vertrauen; es gibt einen tiefen Drang Ja zu sagen. Habt ihr je bemerkt, wie frei man sich plötzlich irgendwie vorkommt, wenn man Ja sagt? Und wie man schrumpft, wenn man Nein sagt?

Immer wenn man Nein sagt, kommt man sich verlassen vor, wie abgeschnitten von der Existenz. Und immer, wenn man Ja sagt, wird damit eine Brücke zur Existenz geschlagen. Sag Ja, und du bist mit der Welt, der Existenz verwandt. Sag Nein, und du bist abgeschnitten, gehörst nicht mehr dazu. Hass ist Nein, Liebe ist Ja. Geld ist Nein, Andacht ist Ja.

Die Zweifler, die Skeptiker häufen Geld an, weil sie dem Leben nicht vertrauen können. Sie misstrauen dem Leben so sehr, dass sie sich mit Geld – etwas Totem! – absichern wollen.

Ganz anders diejenigen, die lieben, die überschwänglich geliebt haben, grenzenlos geliebt haben – so rückhaltlos geliebt haben, und das Leben mit all seinen Schwierigkeiten, all seinen Herausforderungen bejaht haben, die immerzu ein Ja auf den Lippen hatten – sie häufen kein Geld an. Wozu auch?

Das Leben ist eine enorme Sicherheit. Selbst noch in seiner tiefsten Unsicherheit bietet es Sicherheit. Noch in seiner tiefsten Herausforderung steckt Liebe, in seiner tiefsten Bedrängnis steckt Wachstum. Wer erst einmal Ja gesagt hat, der hat losgelassen: Er ist religiös geworden.

Je offener man wird, desto unschuldiger wird man – desto mehr wie ein Kind wird man, desto durchlässiger wird man für die Winde der Existenz. Je mehr man weiß und es andere spüren lässt desto verschlossener ist man. Dann können die Winde der Existenz dich nicht erreichen, dann ist man immer nur auf der Hut und misstraut dem Leben.

Nur Narren vertrauen dem Leben. Ein Narr ist einer, der trotz aller Erfahrung unbeirrt weiter vertraut. Ihr betrügt ihn, er aber vertraut euch; und ihr betrügt ihn wieder, er aber vertraut euch; und wieder betrügt ihr ihn, er aber vertraut euch. Dann werdet ihr ihn einen Narren nennen, der nichts dazulernt. Sein Vertrauen ist gewaltig; sein Vertrauen ist so rein, dass niemand es verderben kann.

Seid ein Narr im taoistischen Sinn, im Sinne von Zen. Verschanzt euch nicht hinter eurem Wissen. Lasst jede Erfahrung zu, die euch zuteil wird – und vergesst sie dann wieder. Räumt euer Gedächtnis immerzu wieder auf; schert euch nicht um die Vergangenheit und bleibt in der Gegenwart, hierjetzt, so als wärt ihr ein Neugeborenes, ein Baby. Anfangs wird das äußerst schwer sein. Die Welt wird euch übervorteilen – lasst sie nur, sie wissen's nicht besser. Selbst wenn man euch betrügt und täuscht und beraubt, lasst es geschehen, denn das, was einem wirklich gehört, kann einem gar nicht geraubt werden.

Das, was einem wirklich gehört, kann einem niemand stehlen. Und lasst euch von solchen Situationen nicht beirren – sie festigen euch innerlich: Eure Seele wird sich weiter kristallisieren.

Ich habe gehört:
Eines Nachts suchte ein Einbrecher einen Sufi-Meister auf und breitete seinen Umhang auf dem Boden aus, um darin seine Beute einzuwickeln. Nach einer langen Suche, die leer ausging, wollte er seinen Umhang aufheben, aber inzwischen hatte sich der Derwisch im Schlaf darauf gerollt.
Als er eben unverrichteter Dinge nach Hause gehen wollte, erwachte der Derwisch und rief ihm nach: „Mach die Haustür zu!"
„Warum sollte ich?", entgegnete ihm der Dieb. „Da du auf meinem Umhang schläfst, wird dir wohl jemand auch eine Decke bringen!"

Bleibt also offen und unbeirrt – selbst ein Dieb kann euch nichts wegnehmen. Er mag euch sogar eine Unterlage oder eine Decke bringen, wer weiß. Er mag euch etwas schenken, aber er kann euch nichts nehmen; denn alles, was man euch nehmen kann, gehört euch nicht. Nur das gehört dir, was man dir nicht nehmen kann. Sei ein Narr!

Zen ist bestrebt, das Denken einzustellen, den Verstand aufzulösen, damit eure Unschuld, die sich hinter ihm versteckt hält, wieder zum Vorschein kommt. Als ihr zur Welt kamt, wusstet ihr gar nichts. Ihr wurdet mit klaren Augen geboren, ohne Gedanken, ohne Wolken in ihnen. Euer innerer Himmel war rein.

Dann hat man euch mit tausenderlei Dingen belehrt, geprägt, und euch den Kopf mit Wissen vollgestopft – aus der Schule, der Universität und Lebenserfahrungen. Und man hat euch angehalten zu zweifeln – denn der weltliche Mensch setzt das Zweifeln mit Intelligenz gleich. Für den religiösen Menschen ist Intelligenz gleich Vertrauen. Man hat euch beigebracht zu zweifeln, im Zweifeln geschult, aber vor lauter Zweifeln habt ihr euch verschlossen. Wer zweifelt, kann nicht offen bleiben; wer zweifelt, ist immerzu unsicher. Wer ständig zweifelt, betrachtet die Welt als Feind; wer zweifelt, muss ständig kämpfen. Sein Kampf ist zum Scheitern verurteilt – da der Teil nicht das Ganze besiegen kann. Das ist ausgeschlossen, also kämpft er aussichtslos – am Ende wird er unterliegen. Bis auf ein paar kleine Siege hier und da – die aber zählen nicht. Irgendwann kommt der Tod und raubt ihm alles. Und während des Kampfes hat er nicht genießen können, keine Freude am Leben gehabt.

Wer Freude am Leben haben möchte, muss ein Narr sein und vertrauen. Lest Dostojewskis „Der Idiot“. Die Hauptfigur in diesem Roman ist ein Zen-Typ, ein taoistischer Typ, ein närrischer Fürst, ein völliger Narr. Aber seine Türen stehen sperrangelweit offen: Er denkt gar nicht dran, das Leben zu bekämpfen! Er ist entspannt.

Alle Spannungen in euch gehen aufs Zweifeln zurück, alle Spannungen, die sich in euch einnisten, beruhen auf Angst, Verunsicherung. Ihr seid nur eine kleine Welle auf dem Meer, aber ihr habt Angst vor dem Meer und versucht das Meer zu bekämpfen – womit ihr lediglich eine Chance vertut, das Leben zu feiern und es zu genießen. Dieselbe Energie, die zu Lachen geworden wäre, wird versauern und bitter und giftig werden.

Dagegen lebendig zu sein … wenn ich sage „lebendig zu sein“, meine ich damit, das gesamte Spektrum des Lebens auszukosten. Lebendig um zu weinen und lebendig um zu lachen, lebendig um zu trauern und um zu lieben – die ganze Palette. Ich sehe, wie Menschen zu Tausenden halbherzig leben. Sie haben sich für eine bestimmte Farbe der Skala entschieden und damit ihr ganzes Dasein beengt. Jetzt fehlt, entgeht ihnen Vieles, denn das Leben kann man nur genießen, wenn man ein Regenbogen ist.

Lachen ist nur dann möglich, wenn man auch zutiefst weinen und schluchzen kann. Der Säugling weint, das ist seine erste Beziehung zur Welt. Jedes Neugeborene weint zunächst. Das ist die unterste Sprosse der Leiter. Ein Narr ist einer, der den ganzen Regenbogen auskostet – er weint tränenüberströmt, ohne jede Hemmung.

Er kann auf dem Marktplatz weinen. Er schämt sich seines Lebens nicht, er lebt *un*-verschämt, und zwar rückhaltlos. Darum ist er ein Narr, oder als Narr verschrien. Er lacht und er freut sich – er ist ein Regenbogen.

Und Göttlichkeit ist nur denen beschieden, die sind wie ein Regenbogen. Gesegnet sind die Narren.

Eine Eigenschaft, keine Beziehung

WER SICH SELBST VERTRAUT, DER VERTRAUT ALLEN - WEIL er dem Leben vertraut. Du vertraust sogar denen, die dich betrügen, aber das macht nichts. Das ist ihr Problem, nicht deins. Ob sie dich betrügen oder nicht betrügen, hat nichts mit deinem Vertrauen zu tun. Wenn du sagst: „Ich vertraue nur unter der Bedingung, dass mich keiner betrügt", kannst du gar kein Vertrauen haben, weil du dann nie weißt, woran du bist und dich fragst: „Wer weiß, ob mich diese Person übers Ohr hauen will?" Wer kennt schon die Zukunft? Wenn er dich übers Ohr hauen will, dann in Zukunft. Wenn nicht, wird auch erst die Zukunft zeigen – und vertrauen musst du hier und jetzt.

Vertrauen darf nicht von der Vertrauenswürdigkeit anderer abhängen. Vertrauen ist eine innere Eigenschaft, ist dein Flair und keine Beziehung. Ihr vertraut nur jemandem, weil er's verdient – das ist kein Vertrauen. Das ist würdelos, das ist ruhmlos. „Er hat Vertrauen verdient" – also hat man ihm zu vertrauen. Vertrauen ist eine Eigenschaft; ob der andere vertrauenswürdig ist oder nicht, ob der andere dich betrügt oder nicht, darf für dein Vertrauen keine Rolle spielen. Freu dich, dass du vertrauen kannst! Das ist deine Sache und darf nicht von dem anderen abhängen.

> Ich habe von einem Mann gehört, der zum zehnten Mal vor Gericht gestellt wurde.
> Der Richter sagte: „Sie sollten sich schämen. Das ist

jetzt das zehnte Mal, dass Sie vor mir stehen! Und sehen Sie sich nur mal an, wen Sie betrogen haben – den unschuldigsten Mann unserer Stadt!"

Der Mann erwiderte: „Euer Ehren, Sie sagten, ich solle mich dafür schämen, zum zehnten Mal hier zu stehen. Das ist nicht meine Schuld! Sagen Sie das den Polizisten, diesen Idioten, die mich ständig schnappen! Ich hab sie gewarnt, dass der Richter verärgert sein wird, dass es keinen Zweck hat, mich immer wieder ins Gericht zu zerren, aber keiner hört zu."

Der Richter darauf: „Sie sind ein listiger Fuchs und drehen mir das Wort im Munde herum."

Wenn ihr vertrauensvoll seid, werden andere euch betrügen. Und freilich, wenn euch ein paar Leute betrogen haben, verschwindet euer Vertrauen in die Menschen. Dies aber ist das Merkwürdige: Fünf Leute haben euch betrogen, und da entzieht ihr fünf Milliarden Menschen auf Erden euer Vertrauen? Seid ihr vielleicht schwach im Kopfrechnen? Und die Leute, die euch betrogen haben, was haben sie dabei gewonnen? Vielleicht etwas Geld. Aber wenn ihr ihnen trotzdem vertrauen könnt, habt ihr etwas gewonnen, das mit Geld nicht zu kaufen ist.

Früher war ich ständig mit dem Zug unterwegs, einmal musste ich in Khandva eine Stunde lang auf meinen Anschlusszug nach Mumbai warten. Also saß ich allein im Wartesaal, und ein Mann sprach mich an, mit Tränen in den Augen.

Ich sagte: „Wischen Sie die Tränen ab und erzählen Sie mir, was los ist."
Er darauf: „Was los ist?"
Ich sagte: „Egal was es ist, ob wahr oder unwahr – schießen Sie los.
Er sagte: „Meine Mutter ist gestorben."
Ich: „Hab ich mir schon gedacht!", und gab ihm eine Rupie.
Er: „Die kann ich gebrauchen. Ich bin äußerst dankbar. Heutzutage gibt keiner was."
Er trollte sich, aber offenbar hat er sich gedacht: „Dieser Mann scheint sehr leichtgläubig zu sein. Er gab mir eine Rupie ohne groß nachzubohren!" Er setzte sich einfach eine Mütze auf, zog einen Mantel an und kam wieder zu mir.
Ich fragte: „Wo sind die Tränen?"
Er: „Was für Tränen?"
Ich: „Ach, ich hab Sie verwechselt. Ihre Geschichte?
Diesmal sagte er: „Mein Vater ist gestorben."
Ich darauf: „Hier haben Sie eine Rupie. Ich gebe jedem eine Rupie, der mir eine Geschichte bringt – Mutter gestorben, Vater gestorben, bald wird einer kommen, dessen Frau gestorben ist oder dessen Kind gestorben ist. Ich hab eine Stunde Aufenthalt und genug Geld für eine Stunde. Also los, dalli-dalli!"
Er sagte: „Wieso dalli-dalli?
Ich: „Weil sie sich umziehen müssen. Gehen Sie schon."
Er: „Mein Gott, Sie haben mich erkannt!"

Ich: „Nein, ich habe Sie nicht erkannt. Wie sollte ich sie erkennen? Die Mütze, der Mantel, ganz neu. ich habe Sie noch nie in Hut und Mantel gesehen. Und dann sterben auch noch Ihre Verwandten so schnell hintereinander …"
Beim dritten Mal zögerte er also zu kommen. Aber dank seiner Gier konnte er der Versuchung nicht widerstehen. Er legte Mantel und Hemd ab und kam nur mit einem *Lunghi*, einem Hüfttuch bekleidet zurück.
Ich sagte: „Na toll, das passt! Bei dieser Affenhitze war ich besorgt über Hemd und Mantel und Mütze. Wer ist diesmal gestorben?"
Er sagte: „Mein Gott. So seltsam es klingt, aber heute verfolgt mich das Pech. Sie hatten recht: Meine Frau ist gestorben."
Ich erwiderte: „Hier Ihre Rupie. Gehen Sie heim und prüfen Sie, ob sonst noch jemand gestorben ist. Und kommen Sie bitte nicht nackt zurück. Behalten Sie den *Lunghi* an, sonst schnappt Sie die Polizei und dann sitzen Sie in der Klemme. Und ich ebenfalls", fügte ich hinzu.
Er: „Wieso Sie denn?"
„Weil ich hier auf Sie warte, immerzu warte. Wenn die Polizei Sie schnappt, müsste ich große Ängste ausstehen: ‚Was ist dem armen Kerl zugestoßen?' So viele Leute sind ihm weggestorben, und ich kenne noch nicht einmal Ihren Namen; sonst könnte ich zu Ihnen kommen. Also sterben Sie jetzt nicht auch

noch – wer sonst soll sich Ihre Rupie abholen?"
Das war ein echter Schock für ihn. Beim vierten Mal kam er mit vier Rupien an und sagte: „Nehmen Sie die zurück, ich kann sie nicht annehmen."
Ich darauf: „Was ist denn passiert? Was soll jetzt mit Ihrem Vater, Ihrer Mutter, Ihrer Frau geschehen – sie sind alle gestorben. Sie können gern mehr haben, wenn Sie wollen, falls es nicht reicht."
Er: „Niemand ist gestorben. Es ist mein Job, Leute zu betrügen. Aber Sie kann ich nicht betrügen."
Ich wunderte mich: „Wieso können Sie mich nicht betrügen? Ich biete mich doch geradezu dafür an, betrogen zu werden! Ich sitze nur hier und habe nichts anderes zu tun als mich betrügen zu lassen. Sie brauchen nicht so viel Zeit zu vergeuden, laufen Sie einmal um den Bahnhof herum und holen Sie sich die nächste Rupie ab. Sie brauchen mir von jetzt an auch keine Geschichten mehr zu erzählen – kommen Sie einfach nur mit ausgestrecktem Arm zu mir, zum Zeichen, dass jemand gestorben ist."
Er wehrte ab: „Nein, das ist ja ... niemand ist gestorben, alle leben doch noch. Hier haben Sie Ihr Geld zurück."
Ich wollte wissen: „Warum solche Schuldgefühle? Ich hab kein Problem damit, mir macht dieses Spiel Spaß: Ich sitz hier und drehe Däumchen. Und Sie bieten mir Unterhaltung – für eine lumpige Rupie!"
Er aber stellte sich stur und sagte: „Kein Mensch hat mir je vertraut, und Sie sind entweder verrückt oder

ich weiß nicht was, aber Sie vertrauen mir einfach weiter. Glauben Sie wirklich, dass meine Frau gestorben ist?"

„Das glaube ich wirklich – schließlich ist der Mensch sterblich, wir alle sterben. Ihre Frau ist nicht unsterblich. Nur keine Sorge, sie wird sterben – wenn sie nicht heute gestorben ist, wird sie halt morgen sterben. Behalten Sie die Rupie; vielleicht erzählen sie mir die Geschichte ja im Voraus."

Er sagte: „Jedenfalls nehme ich Ihr Geld nicht an, und von heute an werde ich es mir abgewöhnen, den Leuten Lügen aufzutischen. Den ganzen Tag über muss ich sagen: ‚Mein Vater ist gestorben, meine Mutter ist gestorben.' An manchen Tagen stirbt meine Frau zwölf Mal! Sie sind der Erste, der mir geglaubt hat und mir bereitwillig glaubt."

Ich schloss: „So, jetzt gehen Sie heim und zählen nach, wer in ihrem Hause noch lebt und wer tot ist. Für die Toten haben Sie schon was bekommen, und für die Lebenden können Sie noch mehr Rupien nehmen. Irgendwann werden sie sterben, aber dann bin ich nicht mehr da."

Ich kam früher ständig durch Khandva – da es ein Bahnknotenpunkt ist, für die Linien nach Nagpur, nach Indore, nach Jabalpur oder Mumbai; und jedes Mal kam er mit etwas Obst, ein paar Blumen.

Ich schalt ihn: „Das geht zu weit, Sie sind arm!"

Dann erwiderte er: „Ich bin zwar arm, aber nicht so arm, um nicht mitzukriegen, dass Sie mich nicht beleidigen. Sie können niemanden beleidigen, Sie können nicht misstrauisch sein. Was kann ich Ihnen schon nehmen? Ein paar Rupien, aber ihr Vertrauen in die Menschen kann ich Ihnen nicht nehmen!"

Den Menschen zu vertrauen ist eine solche Freude! Wer religiös ist, dem wird sie zuteil. Vertraut allen, einschließlich denen, die euch betrügen. Sie haben ihre Schwierigkeiten, sie haben ihre Probleme. Und heute ist die Welt nicht mehr so wie früher, als die Menschen noch einhielten, was sie versprachen. Auf Schritt und Tritt stoßt ihr auf Leute, die ihre Schwüre brechen und einfach vergessen, was sie versprochen haben; die euch hintergehen, wenn ihr ihnen vertraut. Aber was können sie euch schon antun? Nur auf materieller Ebene! Wenn ihr aber euer Vertrauen verliert, dann haben sie euch todsicher zerstört.

Vertrauen ist nicht materiell, sondern spirituell. Wenn ihr mir vertraut und damit zufrieden seid, dann vertraut auch der ganzen Welt – diese fünf Milliarden Menschen haben euch nicht hintergangen. Der eine oder andere mag euch betrogen haben – und wegen dieser Handvoll Leute entzieht ihr der Existenz euer Vertrauen? Was für ein Verlust! Damit verliert ihr eine eigene herrliche Eigenschaft.

Für mich ist Vertrauen eine Eigenschaft, keine Beziehung. Macht es nicht von dem Betreffenden abhängig, davon, was er macht. Vertraut ihm, weil er ein Mensch ist. Und Menschen haben ihre Schwächen, ihre Gebrechen, ihre Beschränktheiten – vertraut ihnen trotz all ihrer Schwächen, all ihrer Gebrechen, all ihrer Beschränktheiten.

Dieses Vertrauen wird zu einem inneren Fels werden, zum Grundstein eines neuen Daseins, eines neuen Lebens. Und hättet ihr, als diese Leute euch betrogen, diese solide Basis bereits gehabt, vielleicht hätten sie euch gar nicht erst zu betrügen vermocht – bei eurer Ausstrahlung.

Ich lag einmal im Schlafwagen und schlief im selben Abteil mit einem anderen Fahrgast. Ich hatte die obere Pritsche. Mitten in der Nacht musste der andere aussteigen. Er erlag der Versuchung ... denn mein ganzes Gepäck stand auf dem Fußboden, und er sah, dass ich schlief. Also trug er seinen Dienern auf, alles mitzunehmen – außer dem Geld in meiner Brieftasche.
Kaum war alles draußen, rief ich: „Warten Sie!“
Er erschrak und sagte: „Sind Sie wach?“
Ich sagte: „Ich war die ganze Zeit wach. Sie haben alles mitgenommen, nur diese Brieftasche mit meinem Geld nicht. Bedienen Sie sich – wenn schon, denn schon!“
Er sagte: „Mein Gott!“, und zu seinen Dienern: „Bringt seine Sachen her, der Mann ist gefährlich.“
Der Bahnhofsvorsteher kam mitsamt Fahrer und Schaffner angerannt: „Was ist los hier?“ Und der Mann zitterte in der Annahme, ich würde ihn wegen Diebstahls anzeigen.
Ich beruhigte sie: „Ach, nichts weiter. Er hat nur aus Versehen mein ganzes Gepäck mitgenommen – bis auf meine Brieftasche. Und ich mag halbe Sachen

nicht. Also bot ich ihm mein Geld an, mit den Worten: „Nehmen Sie auch dies noch mit, dann ist es eine runde Sache."
Sie fragten: „Sollen wir diesen Mann festnehmen und ihn der Polizei übergeben?"
Ich verneinte und sagte: „Er ist völlig harmlos. Er hat das Geld abgelehnt und mein ganzes Gepäck zurückgebracht."
Vor lauter Nervosität vergaß er sogar eine seiner Taschen bei mir. Die musste ich ihm vom nächsten Bahnhof aus nachschicken, wo ich die Leute bat: „Machen Sie diesen Mann ausfindig." Zum Glück hatte die Tasche ein Namensschild, das ihnen dabei helfen konnte. Er war ein wirklich guter Mensch, der halt die Nerven verlor – vielleicht war das ja sein erster Versuch, etwas zu stehlen.

Menschen sind eben Menschen. Was hatte er denn getan? Nur ein paar Sachen mitgenommen, die nicht mir gehören... Nichts gehört irgendwem. Nur dein Vertrauen gehört dir. Lasst also euer Vertrauen so allumfassend sein wie nur möglich.

Vorsicht: Wissen!

DAS WORT AGNOSTIKER STAMMT VON DEM WORT *GNOSIS*. Ein Agnostiker ist einer, der erklärt: „Ich kann nichts Genaues sagen." Und wer ist ein Gnostiker? Einer, der erkannt hat. Das ist ein Gnostiker: ein Weiser. Der Agnostiker schweigt, weil er nicht weiß, was richtig ist und was falsch ist, was Ja ist und was Nein ist. Der Gnostiker schweigt ebenfalls – weil er eine Wirklichkeit erfahren hat, die sich nicht ausdrücken lässt.

Ich bin ein Gnostiker, und ich möchte, dass auch ihr alle zu Gnostikern werdet – also eine Erfahrung macht, wo sich Dinge jenseits von Worten ereignen, wo Sprache weit zurückgelassen wird, Lichtjahre zurück, wo es euch unmöglich ist, Begriffe für eure Erfahrung zu finden; wo ihr weder sagen könnt, Gott existiert noch sagen könnt, Gott existiert nicht. Ja, ihr könnt nicht einmal sagen: „Ich kann darüber nichts sagen." Ihr könnt einfach nur schweigen. Und nur wer euer Schweigen versteht, wird die Antwort verstehen.

Es gibt einen sehr wichtigen Unterschied zwischen Wissen und Erkenntnis. Wissen ist nur vorgetäuscht – es weiß nicht. Erkenntnis mag nicht zu wissen scheinen – und weiß dennoch. Wissen ist geborgt, erkannt hat man selbst. Wissen ist verbal, Erkenntnis wird vorgelebt. Wissen ist nichts als irgendwo aufgeschnappte Informiertheit. Erkenntnis ist existenziell, du hast sie gelebt. Sie beruht auf ureigener Erfahrung: Du hast sie selber erfahren.

Wenn du erkannt hast, bist du befreit. Durch Wissen wirst du zusehends eingesperrt. Wissen bindet; Erkenntnis befreit. Das Paradox ist, dass der Gelehrte zu wissen behauptet, und der Weise nicht einmal weiß, dass er weiß. Der Weise ist unschuldig.

Im Westen gibt es eine sehr berühmte mystische Abhandlung – die einzige im Westen; niemand weiß, wer sie geschrieben hat oder wo sie herkommt, aber offenbar beruht sie auf einer überwältigenden Erfahrung. Sie heißt *„The Cloud of Unknowing" – Die Wolke des Nichtwissens.* Der Autor ist ein Weiser, betont aber das Nichtwissen und sagt: „Als ich erkannte, vergass ich all mein Wissen; es hat sich aufgelöst."

Wer erkannt hat, benötigt kein Wissen mehr. Wer nicht erkannt hat, klammert sich ans Wissen – denn nur dank seines Wissens kann er vortäuschen erkannt zu haben. Wer erkannt hat, kann sein Wissen vergessen. Wer nicht erkannt hat, ist auf es angewiesen. Folglich haben nur die größten Weisen ihr Wissen vergessen können. Das ist das Höchste überhaupt, bitte vergesst das nicht.

Werdet zu Weisen; werdet zu Wolken des Nichtwissens, was mit anderen Worten dasselbe ist. Weisheit ist fast wie Nichtwissen, denn in der Weisheit gibt es keinen, der weiß – gibt es kein Ego. Wissen ist dagegen zweigeteilt – in den Wissenden und sein Thema, in das Subjekt und das Objekt. In der Weisheit gibt es keine Zweiteilung. Weisheit ist ungespalten; sie führt zusammen, sie vereint.

Wissenschaft ist eine Art Wissen. Religion ist eine Art von Weisheit oder Nichtwissen. Folglich kreuzen sich ihre

Wege nirgendwo – und werden sich niemals kreuzen. Wo die Wissenschaft endet, beginnt die Religion. Wo die Listigkeit endet, beginnt die Unschuld. Wo der Gelehrte abtritt, beginnt die Weisheit.

Die biblische Geschichte von der Vertreibung aus dem Paradies kann uns in diesem Zusammenhang weiterhelfen. Diese Geschichte ist so schön, dass ich immer wieder mit verschiedenen Lesarten, mit verschiedenen Deutungen auf sie zurückkomme … Gott sprach zu Adam: „Du darfst die Früchte dieses Gartens genießen – bis auf zwei Bäume – erstens den Baum des Lebens und zweitens den Baum der Erkenntnis. Iss bitte nie vom Baum der Erkenntnis."

Er erwähnt zwei Bäume, den Baum des Lebens und den Baum der Erkenntnis. Über den Baum des Lebens sagt er nichts, sondern sagt nur: „Vom Baum der Erkenntnis darfst du nicht essen."

Doch Adam war viel zu neugierig – und so konnte ihn die Schlange überreden; denn sonst hätte sie das nicht gekonnt, wären ihre Verführungskünste gescheitert. Adam muss zutiefst neugierig geworden sein – wie jedes Kind halt, und Adam war das erste Kind, und Gott war der erste Vater. Adam wurde verführt, vom Baum der Erkenntnis zu essen. Er aß und gelangte zur Erkenntnis. Sofort schämte er sich, sofort fühlte er sich nackt und bloß. Bis dahin war er unschuldig – von einer ursprünglichen, absoluten, bedingungslosen Unschuld. Ihm war nicht bewusst, dass er nackt war. Ja, ihm war noch nicht einmal bewusst, dass er existierte. Das Ego war auf den Plan getreten … die Frucht des Baum der Erkenntnis hat das Ego erzeugt.

Adam wurde hellwach: Er begann, sich Gedanken darüber zu machen, ob er schön war oder nicht, ob es gut war nackt zu sein oder nicht; er wurde sich seines Körpers bewusst. Zum ersten Mal schämte er sich. Bisher hatte er sich nie geschämt. Er war zwar nicht unbewusst – er war durchaus bewusst, aber noch fehlte ein „Selbst" darin. Sein Bewusstsein war rein, unbehindert. Sein Bewusstsein war nichts als reines Licht. Plötzlich aber stand wie ein Pfeiler das Ego in der Mitte seines Bewusstsein – ein finsterer Pfeiler, ein Pfeiler aus Finsternis.

Und dieser Geschichte zufolge wurde Adam verstoßen. Im Grunde brauchte Gott ihn gar nicht zu verstoßen. Indem er die Frucht vom Baum der Erkenntnis aß, hat Adam sich selbst verstoßen. Wissen führt zur Verstoßung. Sobald dir dein Ego bewusst wird, wirst du aus der Schönheit, aus den Segnungen, aus dem Entzücken, aus der Freude verstoßen, die dir das Leben zu bieten hat.

Doch was wurde eigentlich aus dem anderen Baum, dem Baum des Lebens? Darüber fällt kein Wort. Ich interpretiere das so: Hätte Adam zunächst vom Baum des Lebens gegessen und danach vom Baum der Erkenntnis, wäre er nicht vertrieben worden. Wäre er aufgrund seines Lebens zur Erkenntnis gelangt, aufgrund seiner Erfahrung zur Erkenntnis gelangt, hätte es nicht so weit zu kommen brauchen. Adams Erkenntnis war nicht echt; sie war nicht die Frucht eigener Erfahrung – er hatte sie sich nicht verdient, sie war verfrüht; folglich wurde er verstoßen. Sie war geborgt, nicht selbst erworben.

Wenn die Erkenntnis die Frucht von Erfahrung ist, befreit sie. Sie macht dich noch freudiger, noch entzückter von der Existenz. Hätte Adam zuerst die Frucht vom Baum des Lebens gegessen, und danach die Frucht vom Baum der Erkenntnis, wäre es zu keiner Vertreibung aus dem Garten Eden gekommen. Indem Adam zuerst vom Baum der Erkenntnis aß, kehrte er die richtige Reihenfolge um. Und wer so vorgeht, dessen Leben beginnt zu versiegen; dann kann er nicht vom Baum des Lebens essen – und verursacht damit selber seine Vertreibung.

Vergesst nicht: Man kann auf zwei Wegen zur Erkenntnis gelangen. Einerseits über andere – über Bücher, Menschen, die Gesellschaft –, und so tun, als sei sie auf eigenem Mist gewachsen. Aber dann wird man aus dem Paradies vertrieben. Und die Vertreibung ist wohlgemerkt selbstverschuldet; keiner sonst vertreibt einen. Man stellt sich mit seinem völlig falschen Ansatz lediglich ein Bein.

Aber es führt noch ein anderer Weg zur Erkenntnis: Über Erfahrung – Lebenserfahrung.

Esst zuerst die Frucht vom Baum des Lebens, und dann stellt sich die Erkenntnis lautlos ein. Ohne auch nur zu flüstern, wächst sie in eurer Seele heran.

In der Bibel steht noch ein Gleichnis: Als Gott die Welt erschuf, bat er Adam, allen Dingen einen Namen zu geben. Er holte den Löwen und fragte Adam: „Wie soll dieses Tier heißen?“ Er holte den Elefanten und fragte: „Wie soll dieses Tier heißen?“ Und so benannte Adam sämtliche Dinge, und seither hat der Mensch nichts anderes gemacht. All euer Wissen ist nichts weiter als Etikettieren, Benennen.

Wenn man jemanden fragt: „Kennen Sie diese Blume?“, und er sagt: „Ja, kenn ich, das ist eine Rose“, kennt er lediglich den Namen. Was kennt ihr sonst? Kennt ihr die Rose, indem ihr den Namen der Rose kennt? Kennt ihr Gott, indem ihr das Wort „Gott“ kennt? Kennt ihr die Liebe, indem ihr ihren Namen kennt?

Das Gleichnis ist auch wunderschön. Adam war töricht genug, er hätte sagen können: „Nein, wie soll ich all diese Dinge benennen? Ich kenne sie ja gar nicht.“ Doch er hat sie benannt – den Elefanten, die Rose, den Löwen, den Tiger … und seit damals hat der Mensch damit weitergemacht! Seit Urzeiten hat er ununterbrochen nichts weiter gemacht als alles benannt. Wen ihr beim Namen kennt, den glaubt ihr zu kennen. Um euch einander vorzustellen, begnügt ihr euch also damit, einen Namen oder ein Land oder eine Rasse zu nennen. Was soll das? Lernt man die Person auf die Art kennen?

Der Mensch ist grenzenlos – viel zu riesig, um ein Etikett draufkleben zu können und ihn damit erkennbar zu machen. Aber indem ihr benennt, könnt ihr euch einbilden Bescheid zu wissen. Was genau wisst ihr? Wenn man mal absieht von all den Namen, die sich in eurem Gedächtnis angesammelt haben, was bleibt übrig? Genau genommen nichts. Und dieses Nichts müsst ihr euch eingestehen, denn sonst werdet ihr nie die richtige Richtung einschlagen. Geht in Richtung Erkenntnis, nicht Wissen!

Ohne Glauben zu leben ist ein großes Wagnis

ZU ALLERERST MÜSST IHR LERNEN, DASS ALL EUER WISSEN keine echte Erkenntnis ist; ihr habt es nicht selbst erkannt, folglich ist es keine echte Erkenntnis. Weg mit dem ganzen Müll – auf dass ihr erkennen könnt. Ihr seht durch die Augen anderer – wie könnt ihr da sehen? Ihr könnt nicht durch meine Augen sehen – völlig ausgeschlossen. Ihr müsst eure eigenen Augen haben, um zu sehen. Und das gilt nicht nur für eure äußeren Augen, sondern auch für eure inneren Augen.

Reinigt euch von allen geborgten Informationen, eurem Wissen. Werft allen Ballast ab, und dann wird euer eigenes Wesen zum Vorschein kommen, und eine nie gekannte Weisheit macht sich breit: eine große Klarheit – und alles wird transparent, eure Probleme, euer Leben.

Das Leben ist ein Geheimnis, je mehr ihr es versteht desto geheimnisvoller wird es. Je mehr ihr wisst, desto weniger habt ihr das Gefühl zu wissen. Je mehr ihr in die Tiefe geht, euch der unendlichen Tiefe bewusst werdet, desto mehr verschlägt es euch die Sprache. Daher schweigt ihr. Wer erkannt hat, erstarrt in solcher Ehrfurcht, solch grenzenlosem Erstaunen, dass selbst sein Atem stillsteht. Angesichts des Mysteriums des Lebens seid ihr endgültig verschollen.

Doch es gibt Probleme – in Bezug auf das Mysterium des Lebens: Man kann auf Betrüger reinfallen. Leute, die darauf aus sind, andere zu täuschen und zu betrügen.

In der wissenschaftlichen Welt ist das ausgeschlossen. Die Wissenschaft spielt sich zu ebener Erde ab; denn da geht man unendlich vorsichtig, logisch, rational vor. Wer Unsinn redet, fällt sofort auf, da man seine Aussagen überprüfen kann. Wissenschaft ist objektiv – anders gesagt, jede Behauptung, jede Feststellung ist experimentell im Labor überprüfbar.

Bei der Religion ist alles innerlich, subjektiv, geheimnisvoll, und der Weg ist nicht eben. Er ist ein Gebirgspfad. Er führt bergauf und bergab und steigt spiralförmig an. Immer wieder hat man dieselbe Aussicht, vielleicht etwas höher. Und keine Aussage ist überprüfbar – denn es fehlen die Maßstäbe. Da alles innerlich ist, kann man es experimentell weder beweisen noch widerlegen; und da es mysteriös ist, führt keine logische Argumentation zu einem Ergebnis.

Das ist der Grund, warum es nur eine Wissenschaft auf der Welt gibt, aber an die dreitausend Religionen. Man kann keine Religion widerlegen noch beweisen, dass irgendeine beliebige Religion wahr und authentisch ist. Das ist ausgeschlossen, denn kein empirischer Test ist möglich.

Buddha sagt, dass es innen kein Selbst gib – wie will man das beweisen bzw. widerlegen? Wenn einer im Brustton der Überzeugung sagt: „Mir ist Gott erschienen“, was kann man da machen? Vielleicht ist er verwirrt, mondsüchtig. Vielleicht hatte er eine Halluzination, oder vielleicht hat er tatsächlich die Wirklichkeit der Existenz erkannt. Nur, wie es belegen oder widerlegen? Er kann seine Erfahrung mit niemandem teilen, sie ist innerlich. Sie ist nicht wie ein Ding, das man für alle sichtbar in die Mitte stellen kann, sodass jeder damit experimentieren, es auseinandernehmen kann. Man muss ihm halt glauben. Er mag noch so aufrichtig klingen und könnte dennoch faseln, könnte spinnen. Er mag euch nicht täuschen wollen, nicht absichtlich täuschen, oder sich auch nur getäuscht haben. Er mag eine ehrliche Haut sein und es geträumt haben und es für wirklich halten. Und manchmal können einem Träume wirklicher vorkommen als die Wirklichkeit selbst.

Dann erscheinen Träume wie Visionen. Er hat die Stimme Gottes gehört und ist so erfüllt davon, so elektrisiert! Aber was soll man machen? Wie beweisen, dass er übergeschnappt ist, dass er nicht nur seine eigenen Vorstellungen und Gedanken projiziert hat? Das ist unmöglich.

Auf eine wirklich religiöse Person kommen neunundneunzig andere, darunter ein paar Spinner, Verrückte, herzensgut, die niemandem schaden wollen, auch wenn sie's tun. Dann gibt es ein paar Betrüger, Räuber, Fälscher: hinterlistige, gerissene Leute, die absichtlich Schaden anrichten, der sich aber auszahlt. Man kann auf der Welt kein besseres Geschäft finden als Religion. Man kann Versprechungen machen, ohne sie einlösen zu müssen, weil es um unsichtbare Dinge geht. Davon kann man so viele verkaufen, versprechen, wie man will. Man braucht sie ja nicht zu liefern, da sie von vornherein unsichtbar sind, und somit unauffindbar. Ich habe schon viele Betrogene und viele Betrüger gesehen. Und die Sache ist so subtil, dass man kein Urteil fällen kann, weder dafür noch dagegen. Schließlich geht es um etwas Unsichtbares – was also tun? Wie es beurteilen? Wie dazu stehen?

Religion ist immer gefährlich; und zwar weil das ganze Terrain nebelhaft, irrational ist. Alles ist möglich, und von außen lässt es sich einfach nicht beurteilen. Und dann gibt es blauäugige Leute, die einfach betrogen werden wollen und bereit sind, alles zu glauben, was ihnen einen gewissen Halt verspricht. Ohne einen Glauben fühlen sie sich ankerlos, entwurzelt; sie brauchen jemanden, an den sie glauben können, sie suchen verzweifelt nach einem Ort, wo sie sich verankert und verwurzelt fühlen können.

Die Menschen haben ein tiefes Bedürfnis zu glauben. Warum ist das so? Weil für sie ohne einen Glauben das Chaos auszubrechen scheint, weil sie ohne einen Glauben keinen Sinn im Leben erkennen können. Alles scheint sinnlos zu sein. Man kommt sich sinnlos vor, hat keinen Grund da zu sein.

Ohne Glauben stellt sich die Frage: Warum gibt es dich? Wer bist du? Wo kommst du her? Wo gehst du hin?

Und es gibt keine einzige Antwort – ohne Glauben gibt es keine Antwort. Man kommt sich einfach völlig sinnlos vor, wie ein existenzielles Versehen, völlig unbrauchbar, keineswegs unentbehrlich. Man wird sterben und keinen wird's kümmern, alle werden weitermachen. Man hat das Gefühl, das etwas fehlt: ein Kontakt mit der Wirklichkeit, ein gewisser Glaube.

Deswegen gibt es Religionen als Glaubensangebote, weil die Menschen sie brauchen. Ein Mensch ohne Glauben muss ausgesprochen couragiert sein. Ohne Glauben zu leben heißt im Unbekannten zu leben; ohne Glauben zu leben ist enorm wagemutig. Gewöhnliche Leute sind damit überfordert. Wo zu viel Wagemut nötig ist, muss man sich abquälen, mit Ängsten herumschlagen.

Für mich ist ein wirklich religiöser Mensch ungläubig. Er vertraut, aber er glaubt nicht – und das macht den Unterschied aus. Glaube ist intellektuell. Man braucht ihn, deswegen hat man ihn. Er ist da, weil man ohne Glaube nicht leben kann. Er sagt einem, wie man zu leben hat, er gibt einem eine gewisse Bedeutung, wie verkehrt auch immer. Er liefert einem einen gewissen Lebensbauplan, wie man vorwärts kommt, wohin die Reise geht. Man ist auf der Autobahn, nicht irgendwo in der Pampa.

Ein Glaube verleiht einem eine gewisse Geborgenheit: Man ist einer unter vielen Gläubigen; man kann in der Menge untertauchen. Dann braucht man nicht selber nachzudenken, dann ist man nicht mehr verantwortlich für das, was man ist und tut. Jetzt kann man seine Verantwortung der Menge in die Schuhe schieben.

Ein einzelner Hindu ist niemals so schlimm wie eine hinduistische Masse. Ein einzelner Moslem ist niemals so schlimm wie eine muslimische Masse. Wie kommt das? Einzelmenschen sind in Ordnung, Massen sind einfach wahnsinnig, weil sich keiner in einer Masse verantwortlich fühlt. In einer Masse kann man ohne weiteres Morde begehen, weil man weiß, dass die Masse es macht und man nur eine Welle in ihr ist. Es geht nicht von einem selbst aus, also ist man auch nicht verantwortlich.

Für sich allein fühlt man eine gewisse Verantwortung, bekäme man ein schlechtes Gewissen, wenn man ein Verbrechen begeht. Meiner Beobachtung nach entsteht Sünde nur in der Masse, kein Einzelner ist ein Sünder. Und selbst wenn Einzelne etwas Verbotenes tun, kann man sie leicht zur Verantwortung ziehen. Bei Massen ist das unmöglich, weil Massen keine Seele, keine Mitte haben. An wen sich also richten? Für alles, was auf der Welt schiefläuft – die teuflischen, die bösen Mächte –, ist tatsächlich die Masse verantwortlich. Nationen sind des Teufels; religiöse Gemeinschaften sind des Teufels.

Der Glaube macht einen zum Teil einer Menge, die größer ist als man selbst. Und es ist ein erhebendes Gefühl, ein Teil von etwas Größerem zu sein – einer Nation wie Indien oder Amerika oder England –, dann ist man nicht mehr nur ein winziger Mensch! Eine enorme Energie erfüllt einen und man ist begeistert, eine Euphorie erfasst einen. Darum fühlen sich immer, wenn ein Land den Krieg erklärt, die Menschen euphorisch, ekstatisch. Plötzlich bekommt ihr Leben einen Sinn. Sie existieren für ihr Land, für ihre Religion, für ihre Kultur! Jetzt haben sie ein gewisses Ziel zu erreichen und einen gewissen Schatz zu beschützen. Jetzt sind sie keine gewöhnlichen Leute mehr, sondern haben einen bedeutenden Auftrag. Glaube ist die Brücke vom Einzelnen zur Masse.

Vertrauen ist etwas völlig anderes. Vertrauen ist kein intellektueller Begriff. Vertrauen ist eine Sache des Herzens, nicht des Kopfes. Glaube ist eine Brücke zwischen dem Einzelnen und der Masse. Vertrauen ist eine Brücke zwischen dem Einzelnen und dem Kosmos. Vertrauen tut man immer in Gott … und wenn ich von Gott spreche, meine ich nicht den Glauben an Gott.

Wenn ich „Gott“ sage, meine ich einfach das Ganze, das Universum. Wer vertraut, hat zutiefst verstanden, dass er einfach nur ein Teil, ein Ton in einer großen Symphonie ist, nur eine winzige Welle auf dem Meer. Wer vertraut, hat dem Ganzen zu folgen, mit dem Ganzen zu fließen, mit dem Ganzen in Einklang zu sein. Wer vertraut, der sagt: Ich bin nicht als Feind hier, ich bin nicht hier um zu kämpfen, sondern um die Chance zu genießen, die mir gegeben wurde; ich bin hier, um dankbar zu sein und zu feiern. Sein Vertrauen gilt keiner Doktrin, er braucht kein Hindu zu sein, er braucht kein Moslem zu sein, er braucht kein Jaina oder Sikh zu sein.

Vertrauen ist ein Einverständnis zwischen dem Einzelnen und dem Ganzen. Vertrauen macht einen religiös – nicht zu einem Hindu oder Moslem oder Christen, sondern einfach nur religiös. Vertrauen hat keinen Namen. Glauben macht einen Hindu, Moslem, Christen aus dir. Glauben hat Namen, unzählige Namen; es gibt Glauben zu Tausenden, ihr könnt wählen.

Vertrauen hat nur *eine* Eigenschaft – und zwar die Eigenschaft der Hingabe ans Ganze, die Eigenschaft, im Einklang zu sein mit dem Ganzen, die Eigenschaft, das Ganze nicht zu zwingen sich nach dir zu richten, sondern dir einfach nur zu gestatten, dich nach dem Ganzen zu richten.

Vertrauen ist eine Transformation. Man vertraut weder Wörtern noch heiligen Schriften, sondern dem Leben; man vertraut dieser Energie, die das Ganze bewegt. Man vertraut ihr und lässt sich von ihr tragen. Wenn sie dich im Wirbel nach unten zieht, gehst du mit dem Wirbel nach unten. Wenn sie dich im Schwall nach oben trägt, tauchst du in dem Schwall wieder auf. Du gehst einfach mit ihr mit und verfolgst keine eigenen Absichten. Wenn sie dich traurig macht, wirst du traurig. Wenn sie dich froh macht, wirst du froh. Du gehst einfach mit, hast keine eigenen Vorstellungen, und plötzlich geht dir auf, dass du jetzt an einen Punkt gelangt bist, wo die Glückseligkeit ewig währt. Auch in deiner Traurigkeit wirst du selig sein, weil sie dich nichts angeht. Das Ganze will es so, also lässt du es gewähren. Glück – okay. Traurigkeit – okay. Einfach okay, alles okay. Dies ist es, was einen religiösen Menschen ausmacht: Er hat keinen eigenen Kopf.

Der Gläubige hat sehr wohl einen eigenen Kopf. Und wer allzu voll ist von seinem Glauben, kann sich alles mögliche einbilden. Er kann Dinge sehen, die nicht da sind, und Dinge übersehen, die da sind. Wessen Kopf voll von Glauben ist, kann irgendetwas projizieren, das seinem Glauben entspricht. Merkt euch das, wenn ihr Visionen habt.

Manch einer kommt zu mir ... Wer an Krishna glaubt und meditiert, den sucht augenblicklich Krishna heim: „Visionen!" Aber Jesus lässt ihn in Ruhe. Wenn ein Christ anfängt zu meditieren, dann käme nie Krishna, um seine Meditation zu stören, sondern dann käme Jesus. Einem Moslem erschiene weder Krishna noch Jesus ... und Mohammed kann nicht kommen, weil Moslems sich kein Bild von Mohammed machen dürfen. Sie wissen nicht, wie er ausgesehen hat, also können sie ihn nicht projizieren.

Man projiziert nur das, was man glaubt. Glauben ist eine Projektion, das ist genau wie bei einer Filmvorführung in einem Kino: Man sieht etwas auf der Leinwand, das gar nicht da ist. Der Projektor steht hinten verborgen, aber da sieht man nie hin, man schaut auf die Leinwand. Der Projektor steht hinten, und dort spielt sich das ganze Theater ab, ihr aber seht auf die Leinwand. Das ganze Theater spielt sich in eurem Kopf ab. Und ein Kopf voller Glaube projiziert immerzu alles mögliche auf die Welt und sieht Dinge, die nicht da sind. Das ist das Problem.

Von ihrem Glauben erfüllte Mensch sind besonders anfällig dafür, von Betrügern ausgebeutet zu werden – von denen es nur so wimmelt. Der ganze Weg zur Erkenntnis wird deshalb von Räubern belagert, weil es keine Wegbeschreibung gibt. Wer sich auf Religion einlässt, betritt unbekanntes, unkartiertes Land. Räuber fühlen sich dort pudelwohl – sie lauern euch auf. Und manchmal, wenn einer gar nicht vorhat euch zu täuschen, ihr aber geradezu getäuscht werden wollt, dann wird er euch auch täuschen. Wenn ihr dagegen zutiefst nicht getäuscht werden wollt, dann kann euch auch niemand täuschen.

Erst neulich kam einer zu mir und sagte: „Ein Baba hat mich betrogen, dabei ist er ein großer Yogi."

Ich erkundigte mich: „Was hat er gemacht?"

Der Mann darauf: „Er kann aus jedem Metall Gold machen. Er hat es mir vorgeführt, und ich habe ihm mit eigenen Augen zugesehen. Dann bat er mich, ihm all mein Gold zu bringen, dann werde er es verzehnfachen. Also habe ich ihm all meinen Schmuck gebracht, und er ist einfach damit durchgebrannt. Er hat mich betrogen."

Jeder wird meinen, dass diese Baba den Mann betrogen

hat, aber ich sagte ihm: „Dich hat deine eigene Habgier betrogen. Schieb die Verantwortung keinem anderen in die Schuhe. Du bist einfach ein Dummkopf. Habgier ist dumm. Du wolltest deinen Schmuck verzehnfachen... Deine Absicht hat dich betrogen, und der andere hat nur seine Chance genutzt. Er ist einfach schlau, mehr nicht. Das Problem liegt bei dir. Hätte er dich nicht betrogen, hätte es jemand anderes getan."

Wer also betrügt, spielt keine Rolle. Wer meiner Beobachtung nach betrogen wird, beweist damit, dass er eine gewisse Anlage hat, betrogen zu werden. Wenn dich jemand belügen kann, heißt das, dass du es mit der Wahrheit nicht so genau nimmst.

Ein wahrheitsliebender Mensch kann nicht belogen werden; wer wahrhaft lebt, fällt keinen Lügen zum Opfer. Es gibt Millionen von Leuten, die bereit sind, betrogen zu werden, die geradezu darauf warten, dass jemand kommt und sie betrügt – aufgrund ihrer Erwartungen, aufgrund ihrer bösen Absichten, aufgrund ihrer Habgier. Und denkt daran: Habgier ist Habgier, ob sie sich in der materiellen oder der spirituellen Welt austobt, spielt keine Rolle: Es ist und bleibt Habgier. Du möchtest, dass jemand dein Gold verzehnfacht – das ist Habsucht. Dann sagt jemand: „Ich kann dich zu einem Erleuchteten machen", und sofort fällst du drauf rein. Das ist ebenfalls Habsucht.

Und noch etwas: Es ist ohne weiteres möglich, Gold zu verzehnfachen, aber es ist praktisch unmöglich, jemand anderes erleuchtet zu machen. Denn das ist kein Spiel, sondern ein beschwerlicher Weg.

Tatsächlich kann dich niemand erleuchtet machen – du wirst selber erleuchtet; ein anderer mag dir allenfalls als Katalysator dienen, mehr nicht. Und wenn es dir wirklich ernst ist, geht es auch ohne den. Wem es ernst ist, den machen seine Helfer selber ausfindig. Wem es nicht ernst ist, der sucht sich Leute, die ihm schaden können. Das ist der Unterschied. Wenn ein Schüler einen Meister sucht, läuft praktisch immer was schief.

Nur dann, wenn ein Meister sich einen Schüler aussucht, wird etwas Authentisches zustande kommen. Wie könntet ihr einen Meister suchen? Alles, was ihr euch vorstellen mögt, kommt aus eurem Verstand. Dabei seid ihr vollkommen ahnungslos, ihr seid Schlafwandler. Ihr werdet jemanden suchen, der euch entspricht. Er wird sein wie ihr. Und so brecht ihr denn auf und sucht jemanden, der ein Wunder vollbringt.

Zum Beispiel entdeckst du Satya Sai Baba – was deine Habgier zutiefst befriedigen wird. Du erkennst: Das ist mein Mann! Wer Sachen einfach so aus der Luft zaubern kann, bringt alles fertig. Jetzt ist deine Habgier erwacht. Jetzt fühlst du dich sofort unwiderstehlich angezogen. Kein Wunder, dass sich die Leute zu Tausenden um Satya Sai Baba scharen.

Wäre er ein Buddha, sähe man keine Massen dort, weil kein Interesse da ist. Satya Sai Baba schlägt tief in euch eine Saite an – eure Habgier wird geweckt. Jetzt wisst ihr, dies ist der Richtige. Aber da irrt ihr. Wie wollt ihr entscheiden, wer der Richtige ist? Ihr kreiert eure Betrüger – indem ihr sie ködert. Ihr folgt Zauberern, nicht Meistern.

Wenn ihr wirklich einen Meister finden wollt, lasst die Habgier und eure Dogmen fallen. Geht völlig nackt und vorbehaltlos zu einem Meister, ohne jeglichen Glauben; so als wärst du ein Baum im Herbst – der entlaubt, nackt vor dem Himmel steht. Geh und such dir einen Meister mit einem leeren Geist, ohne Blätter, ohne jeglichen Glauben. Nur dann, und nur dann, sage ich, wirst du imstande sein, zu sehen ohne zu projizieren; nur dann wird etwas von oben zu dir vordringen können. Dann kann dich niemand mehr täuschen.

Die Betrüger können dir egal sein, verdamme sie nicht: Es gibt sie nicht umsonst. Es gibt sie nur, weil ihr sie braucht. Diebe, Räuber, Ausbeuter und Täuscher existieren nur, weil ihr sie braucht. Ihr wärt aufgeschmissen, wenn sie alle verschwinden würden; ihr wärt einfach unfähig, euer Leben zu führen, wenn es sie nicht gäbe.

Eine Sannyasin hat eine Frage gestellt:

„Osho, früher hast du immer die Schönheit von Vertrauen und Liebe, den Weg des Herzens gepriesen. Neuerdings scheinst du mehr Wert auf Vernunft, Hinterfragen, Skepsis und Intelligenz zu legen. Hat sich dein Ansatz geändert oder beginnt eine neue Phase deiner Arbeit?"

Nein, das ist keine neue Phase, sondern nur die Kehrseite der ersten. Anfangs habe ich deswegen so viel Wert auf Vertrauen gelegt, weil ihr aus einer Welt kamt, die keine Ahnung von Vertrauen hat. Ihr kamt aus einer Welt, die euch intellektuell geschult hat, um euch die Existenz eures eigenen Herzens zu verheimlichen – euch zu verheimlichen, dass Gefühle ebenfalls zur Erkenntnis führen.

Ich habe so viel von Vertrauen gesprochen, um die neue Tür des Herzens aufzuschließen. Ohne die Tür des Herzens zu öffnen, kann ich zu euch nicht sagen: „Zweifelt, seid skeptisch!“; denn sonst schicke ich euch auf eine gefährliche Bahn, die nirgends hinführt. So verzwickt das auch klingen mag – versucht es zu verstehen.

Wer keine Ahnung hat, was Fühlen heißt, was Vertrauen heißt, wessen Herz noch nie vor Freude gehüpft ist, noch nie aus Freude darüber getanzt hat, dass es einen anderen gibt –, mag er noch so viel zweifeln, aber er wird nie die Antwort finden. Denn dafür ist sein Zweifel zu oberflächlich. Er wird seinem eigenen Zweifel nicht trauen. Seine Nachforschungen werden läppisch sein. Er traut ihnen selber nicht, er weiß nichts von Vertrauen. Wer nachforschen will, muss vertrauen können, denn er muss sich ins Unbekannte wagen. Das erfordert sehr viel Vertrauen und Mut, denn damit lässt er alles Herkömmliche, alles Verbriefte hinter sich; damit entfernt er sich von der Herde, sticht er in die offene See – ohne zu wissen, wo die andere Seite ist, ja ob die andere Küste überhaupt existiert. So etwas könnte ich euch nicht zumuten, ohne sicherzustellen, dass ihr vertrauen könnt. Das klingt zwar widersprüchlich, aber was kann ich machen? So ist das Leben nun mal …

Nur ein Mensch mit großem Vertrauen ist zu großem Zweifel fähig. Ein Mensch, der kaum vertraut, kann auch kaum zweifeln. Wer gar nicht vertraut, kann nur so tun, als zweifle er – er kann gar nicht zweifeln. Die Tiefe fehlt, die auf Vertrauen beruht. Und man muss etwas wagen.

ALLE SIND AUF SICHERHEIT AUS, SUCHEN GEWISSHEIT: Wie dem Tod entkommen? Wie etwas länger leben, wie etwas länger hierbleiben? Muss man wirklich sterben, kann man dem Tod nicht entrinnen!?

Überall lauert der Tod – deswegen wird Geld so wichtig. Vergesst nicht: Die Wichtigkeit von Geld ist die Wichtigkeit des Todes, denn Geld verleiht einem ein falsches Gefühl von Sicherheit. Da man ja Geld hat, man sich die Ärzte und die Behandlung leisten kann, da man ein dickes Konto hat, seine Lebensversicherung, Freunde – man ein tolles Haus hat, in das man sich zurückziehen kann, wenn es Probleme gibt.

Folglich hat man nur noch Geld im Kopf, kann nie genug Geld kriegen, kann man sich hinter chinesischen Mauern von Geld verschanzen, die den Tod abwehren.

Aber nichts kann den Tod verhindern.

Eure Bemühung, ihm ein Schnippchen zu schlagen, zerstört lediglich die Chance zu einer gewaltigen Erfahrung, die zur Liebe hätte erblühen können. Es gibt auf der Welt nur zweierlei Menschen: Für die einen dreht sich alles um den Tod, für die andern dreht sich alles um die Liebe.

3. Lass den Augenblick entscheiden

Tokai war zu Gast in einem bestimmten Tempel;
eines Nachts begann es unter dem Küchenfußboden
zu brennen.
Ein Mönch stürzte in Tokais Schlafzimmer und schrie:
„Ein Feuer, Meister, ein Feuer!"
„Ach ja?", sagte Tokai und setzte sich auf: „Und wo?"
„Wo?!", rief der Mönch. „Unter dem Küchenfußboden, wo
sonst! Steh auf!"
„So, so, die Küche...", sagte Tokai schläfrig.
„Na, dann komm wieder und sag Bescheid,
wenn's im Flur brennt."
Sagt's und schnarcht bereits wieder.

DIE GANZE DUMMHEIT DES VERSTANDES BESTEHT DARIN, nicht in der Gegenwart zu sein. Der Verstand ist immer woanders, in der Zukunft oder in der Vergangenheit. Der Verstand ist nie im Hier und Jetzt – und kann es auch gar nicht sein. Der Verstand kann seinem ganzen Wesen nach nicht in der Gegenwart sein, denn er muss nachdenken, und in der Gegenwart geht das einfach nicht. Da muss man sehen, muss man hören, muss man da sein, aber man kann nicht denken. Der jetzige Augenblick ist so eng, dass keine Gedanken reinpassen.

Du passt zwar rein, aber keine Gedanken. Wie denn auch? Wie könntest du denken?

Über etwas nachdenken heißt, dass es schon vergangen ist, dass der Augenblick vorbei ist oder aber, dass es noch nicht da ist, noch aussteht. Denken braucht Raum, denn Denken ist wie Spazierengehen; der Verstand geht spazieren, ist unterwegs. Das erfordert Raum. Du kannst in die Zukunft gehen, du kannst in die Vergangenheit gehen, aber wie willst du in die Gegenwart gehen?

Dazu ist die Gegenwart viel zu nahe, nicht nur nahe – die Gegenwart bist du selber! Vergangenheit und Zukunft sind Zeitformen; die Gegenwart, die du bist, ist keine Zeitform. Sie gehört nicht der Zeit an, sie existiert außerhalb der Zeit, sie hat nichts mit Zeit zu tun.

Die Gegenwart bist *du*; Vergangenheit und Zukunft sind irgendwo da draußen. Der Verstand kann nicht in der Gegenwart existieren. Wenn du es schaffst, hier zu sein – vollkommen gegenwärtig! –, löst der Verstand sich auf. Der Verstand kann nur wünschen, er kann nur träumen, Tausende Träume haben. Er kann zwar bis ans Ende der Welt gehen, er kann bis an den Anfang der Welt gehen, aber nicht im Hier und Jetzt sein – das ist ihm unmöglich.

Die ganze Unwissenheit besteht darin, dass wir dies nicht wissen. Ihr aber macht euch Gedanken über die Vergangenheit, die längst nicht mehr da ist: Das ist absolut dumm! An der Vergangenheit ist schließlich nichts mehr zu ändern. Denn wie wollt ihr etwas ändern, das gar nicht mehr da ist? Da ist nichts zu machen, es ist längst vorbei … ihr aber macht euch Sorgen darüber – aber die sind für die Katz.

Oder ihr denkt über die Zukunft nach und träumt und wünscht ... Ist euch das noch nie aufgefallen: Die Zukunft kommt nie! Sie kann nicht kommen. Was kommt, ist stets nur die Gegenwart, und die Gegenwart ist von euren Wünschen und Träumen absolut verschieden.

Daher trifft nichts von alldem, was ihr euch wünscht und erträumt und vorstellt und plant und befürchtet, jemals ein. Aber es zehrt an euch. Ihr verfallt zusehends. Ihr sterbt immerzu. Eure Energien versickern in einer Wüste, führen nirgendwohin, verdampfen einfach. Und dann klopft der Tod bei euch an. Und der Tod klopft nicht etwa in der Vergangenheit an, der Tod klopft auch nie in der Zukunft an: Der Tod klopft in der Gegenwart an. Den Tod interessiert es nicht, wenn ihr „Morgen!" sagt, der Tod klopft im Augenblick an. Das Leben ebenfalls und Gott auch. Alles, was existiert, klopft immer nur in der Gegenwart an. Und alles, was nicht existiert, ist immer entweder Teil der Vergangenheit oder Teil der Zukunft.

Euer Verstand ist reiner Bluff, denn er klopft nie in der Gegenwart an. Daran könnt ihr erkennen, ob etwas wirklich ist: Alles, was ist, existiert immer nur hier und jetzt; und alles, was nicht ist, gehört nie und nimmer der Gegenwart an. Vergesst alles, was niemals jetzt anklopft.

Aber wenn einer ins Jetzt eingeht, eröffnet sich ihm eine neue Dimension – die Dimension der Ewigkeit. Vergangenheit und Zukunft bewegen sich auf der Horizontalen, da kommt alles eins nach dem andern, so wie im ABC, auf der waagerechten Linie.

Die Ewigkeit bewegt sich auf der Vertikalen. Da kommt

nach A ein tieferes bzw. ein höheres A, kein B. Nach A geht es sowohl aufwärts als auch abwärts, auf der Vertikalen, der senkrechten Linie.

Der jetzige Augenblick schreitet senkrecht fort, die Zeit dagegen waagerecht: Zeit und Gegenwart treffen sich nie. Und ihr *seid* die Gegenwart: Euer ganzes Sein schreitet senkrecht fort. Ihr könnt in die Tiefe gehen, könnt in die Höhe gehen, aber stattdessen geht ihr mit dem Verstand auf der Waagerechten. Deswegen kann euch Gott nicht begegnen. Es kommen Leute zu mir und fragen, wie sie Gott begegnen können – ihn sehen oder erkennen können.

Doch das ist die falsche Frage. Ihr solltet fragen: Wie kommt es, dass ihr ihn verpasst? – wo er doch hier und jetzt bei euch anklopft! Anders kann es gar nicht sein! Wenn es ihn wirklich gibt, muss es ihn hier und jetzt geben. Nur das Unwirkliche gibt es nicht hier und jetzt. Er steht bereits vor eurer Tür – doch ihr seid nicht da. Ihr seid nie zu Hause. Ihr tummelt euch in Millionen von Wörtern, aber seid nie zu Hause. Jedenfalls seid ihr dort nie anzutreffen, dabei möchte Gott euch dort antreffen; dort will euch die Wirklichkeit in die Arme nehmen, findet euch aber nie vor.

Die wirkliche Frage lautet nicht, wie ihr Gott begegnen könnt, sondern wie ihr es anstellen könnt, daheim zu sein, damit Gott, wenn er klopft, euch auch antrifft. Die Frage ist also nicht, wie ihr ihn finden könnt, sondern wie er euch finden kann. Das ist also eine echte Meditation. Ein Weiser schert sich nicht um Gott oder dergleichen, denn er ist kein Philosoph. Er versucht nur, auf jeden Fall zu Hause zu sein. Statt sich den Kopf über Zukunft und Vergangenheit zu zerbrechen, will er lieber lernen, hier und jetzt in sich zu ruhen und im Jetzt zu leben. Sobald man im Jetzt ist, geht die Tür auf. Der jetzige Augenblick ist die Tür!

So, versucht jetzt, mit mir auf dieses Gleichnis einzugehen.

Als Tokai einmal einen bestimmten Tempel besuchte,
brach unter dem Küchenfußboden Feuer aus.
Ein Mönch stürzte in Tokais Schlafzimmer und schrie:
„Ein Feuer, Meister, ein Feuer!"
„Ach ja?", sagte Tokai und setzte sich auf: „Und wo?"
„Wo?!", rief der Mönch. „Unter dem Küchenfußboden, wo sonst?! Steh auf!"
„So, so, die Küche...", sagte Tokai schläfrig.
„Na, dann komm wieder und sag Bescheid,
wenn's im Flur brennt."
Sagt's und schnarcht bereits wieder.

Tokai war ein bedeutender Zen-Meister, erleuchtet, in völliger Bewusstheit lebend; und wer in völliger Bewusstheit lebt, der lebt von Augenblick zu Augenblick. Er kann nicht planen, nicht einmal den nächsten Augenblick, denn wer weiß, vielleicht kommt der nächste Augenblick nie! Und wie könnte man ihn schon vorher planen, wenn man keine Ahnung hat, welche Situation man dann vorfinden wird? Und wer zu viel plant, mag ihn gar verpassen – in all seiner Unberührtheit.

Das Leben ist ständig in Fluss, nichts bleibt gleich, alles fließt. Heraklit hat gesagt, dass man nicht zwei Mal in denselben Fluss steigen kann – wie soll man da planen? Wenn man zum zweiten Mal reinsteigt, ist viel Wasser geflossen, ist es nicht mehr derselbe Fluss. Planen kann man nur, wenn sich die Vergangenheit wiederholt. Doch die Vergangenheit wiederholt sich nie, von Wiederholung keine Spur – selbst wenn ihr meint, etwas wiederhole sich, liegt das nur daran, dass ihr nicht alles überblicken könnt.

Heraklit sagt auch: Jeden Tag ist die Sonne neu. Selbstverständlich ist es dieselbe Sonne, werdet ihr sagen – aber sie kann nicht dieselbe sein, es ist völlig ausgeschlossen, dass sie dieselbe ist. Vieles hat sich verändert, der ganze Himmel ist anders, das ganze Sternenzelt ist anders, die Sonne selber ist älter geworden. Heute sagen die Naturwissenschaftler, dass die Sonne binnen vier Millionen Jahren sterben wird, ihr Tod näherrückt – da die Sonne ein lebender Organismus ist und dazu uralt. Sie muss sterben.

Sonnen werden geboren, sie leben – und sie sterben. Vier Millionen Jahre ist für uns zwar eine sehr lange Zeit, aber für die Sonne ein Klacks; für sie ist das so, als würde sie im nächsten Moment sterben. Und wenn die Sonne stirbt, wird unser ganzes Sonnensystem verschwinden, da die Sonne seine Quelle ist. Mit jedem Tag stirbt die Sonne mehr und wird immer älter und älter und älter – sie kann nicht dieselbe sein. Jeden Tag geht Energie verloren – sie verschleudert Unmengen an Energie in ihren Strahlen. Die Sonne nimmt mit jedem Tag ab, erschöpft sich. Sie ist nicht dieselbe, sie kann nicht dieselbe sein.Und wenn die Sonne aufgeht, geht sie über einer anderen Welt auf, und der Zuschauer ist auch nicht mehr derselbe.

Gestern noch magst du voller Liebe gewesen sein – da waren deine Augen anders, und du sahst die Sonne natürlich mit anderen Augen. Du warst so voller Liebe, dass du eine poetische Aura hattest und alles durch diese rosarote Brille sahst. Die Sonne mag dir wie ein Gott vorgekommen sein, so wie sie den Sehern der *Veden* erschien. Sie erklärten die Sonne zu einem Gott – in ihrem poetischen Rausch. Sie waren Dichter, verliebt in die Schöpfung; sie waren keine Wissenschaftler. Sie wollten nicht herausfinden, was die Materie war, sondern wie die Stimmung war. Sie beteten die Sonne an. Sie müssen sehr glückselige Menschen gewesen sein, denn anbeten kann man nur, wenn man sich gesegnet fühlt. Anbeten kann man nur, wenn man sein ganzes Leben als einzigen Segen empfindet.

Gestern magst du ein Dichter gewesen sein, und heute magst du alles andere sein als ein Dichter, denn mit jedem Moment strömt der Fluss in dir weiter. Auch du veränderst dich ständig. Gestern noch war alles harmonisch, heute ist alles chaotisch: Du bist wütend, du bist bedrückt, du bist traurig. Wie kann die Sonne dieselbe sein, wenn der, der sie sieht, sich verändert hat? Alles verändert sich, also plant ein Weiser die Zukunft niemals genau, kann es gar nicht – ist aber mehr bereit als ihr, der Zukunft zu begegnen. Dies ist das Paradox.

Ihr plant, seid aber nicht bereit. Genau genommen bedeutet Planen nichts anderes, als dass man sich unvorbereitet fühlt. Nur deswegen plant man, weswegen denn sonst? Du erwartest einen Gast, und du planst, was du zu ihm sagen wirst. Was für ein Quatsch! Kannst du etwa nicht spontan sein, wenn der Gast kommt? Aber du hast Angst, und du glaubst nicht an dich, hast kein Vertrauen; also planst du, machst schon mal einen Probelauf.

Euer Leben ist reines Theater, es ist unecht; denn Proben sind nur auf der Bühne nötig. Und vergesst nicht: Wenn ihr alles erst probt, dann wird nur Theater gespielt, irgendwas vorgetäuscht. Der Gast ist noch nicht einmal da, und ihr plant bereits, was ihr sagen wollt, wie ihr ihn mit einer Blumengirlande begrüßt, was ihr antworten wollt. Ihr formuliert schon mal vor …

Ihr bildet euch ein, der Gast sei schon da – und unterhaltet euch schon. Tatsächlich habt ihr, wenn er dann endlich eintrifft, schon von ihm die Nase voll. Tatsächlich hat er euch, wenn er endlich da ist, schon zu viel Zeit gestohlen. Er langweilt euch, und alles was ihr sagt, ist weder wahr noch authentisch. Es wird nicht aus euch kommen, sondern aus dem Gedächtnis. Es wird sich nicht existenziell ergeben, sondern aus der Probe stammen, die ihr gemacht habt. Es wird unecht sein – und so werdet ihr euch nicht begegnen, denn wie könnte ein Heuchler das auch? Und mit eurem Gast mag es dasselbe sein: Er hat ebenfalls alles geplant, auch er hat von dir schon die Nase voll. Er hat dir schon alles gesagt, und jetzt möchte er schweigen, und alles was er sagt, wird aus der Probe stammen.

Wann immer sich also zwei Personen begegnen, sind vier Personen anwesend – mindestens, mehr sind möglich. Zwei wirkliche im Hintergrund, und zwei vorgetäuschte, die sich begegnen und austauschen. Alles ist unecht, weil es auf Planung beruht.

Selbst wenn ihr jemanden liebt, plant ihr und probt schon mal alles durch: sämtliche Bewegungen, die ihr zu machen gedenkt, wie ihr küssen werdet, die Gesten – und so wird alles zur Schau. Wieso verlasst ihr euch nicht auf euch selber? Wenn es so weit ist, warum verlasst ihr euch nicht auf eure Spontaneität? Warum könnt ihr nicht echt sein?

Der Verstand überlässt nichts dem Moment; er hat immer Angst, also plant er vor. Planung ist Angst. Die Angst muss planen, und durch Planung entgeht euch alles – alles Schöne und Wahre, alles Göttliche lasst ihr euch damit entgehen. Niemand ist je mit einem Plan zu Gott gelangt, niemand wird es je können.

Als Tokai einmal einen bestimmten Tempel besuchte, brach unter dem Küchenfußboden Feuer aus.

Zunächst: Feuer macht Angst, denn es bringt den Tod. Und wenn nicht einmal Feuer Angst macht, kann nichts Angst machen. Doch selbst Feuer kann dir keine Angst machen, wenn du dem Tod ins Auge gesehen hast, wenn du weißt, dass der Tod gar nicht existiert; andernfalls brauchst du nur das Wort „Feuer" zu hören, um in Panik zu geraten. Es braucht nicht einmal ein wirkliches Feuer zu sein, es genügt schon, dass irgendwer angerannt kommt und „Feuer!" ruft, und du wirst in Panik geraten. Jemand mag daraufhin aus dem Fenster springen und sich umbringen – dabei gab's gar kein Feuer.

Schon das Wort Feuer kann in euch Panik auslösen. Ihr lebt mit Wörtern. Jemand sagt „Zitrone" – und sofort läuft euch das Wasser im Munde zusammen. Jemand sagt „Feuer!“ – und schon seid ihr auf und davon. Ihr lebt mit Wörtern, nicht mit Wirklichkeiten. Ihr lebt mit Symbolen, nicht mit Wirklichkeiten. Und sämtliche Symbole sind Artefakte, sind unwirklich.

> Ich habe gehört ... oder besser gesagt aufgeschnappt: Eine ältere Frau beschreibt einer jüngeren Frau ein bestimmtes Rezept. Sie beginnt zu erklären und sagt: „Sechs Glucks Sirup.“
> Die Jüngere fragt: „Sechs was?“
> Darauf die Ältere: „Sechs Glucks.“
> Die Jüngere versteht nicht und fragt nach: „Was ist denn das, ein Gluck?“
> Die ältere Frau sagt: „Mein Gott! Du weißt nicht einmal so etwas Einfaches? Dann lass lieber die Finger vom Backen!“
> Die jüngere Frau bettelt: „Ach, sei so lieb und erklär mir dann doch, was ein Gluck ist.
> Die Ältere sagt: „Du kippst den Krug; wenn es Gluck macht, ist das der erste. Fünf mehr davon – macht sechs Glucks.“

So funktioniert Sprache generell. Kein Wort bedeutet im Grunde etwas. Die Bedeutung entsteht aufgrund gegenseitiger Abmachung. Darum gibt es wohl dreitausend Sprachen auf der Welt, nicht aber dreitausend Wirklichkeiten. Sprache an sich ist genau wie ein Gluck. Du kannst deine eigene Sprache erfinden, das ist kein Problem.

Liebende erfinden immer ihre Privatsprache: Sie fangen an, bestimmte Wörter zu benutzen, und kein Mensch außer ihnen versteht, was sie sagen.

Wörter sind Symbole; die Bedeutung wird auf sie übertragen, sie existiert nicht von vornherein. Wenn jemand „Feuer!“ sagt, brennt das Wort natürlich nicht. Wenn jemand „Gott“ sagt, steckt in dem Wort natürlich nichts Göttliches. Das Wort Gott ist nicht Gott. Wenn jemand „Liebe“ sagt, ist das Wort Liebe nicht Liebe. Wenn jemand sagt: „Ich liebe dich“, lasst euch nicht von den Worten täuschen. Aber ihr lasst euch täuschen, weil niemand auf die Wirklichkeit achtet; alle achten immer nur auf Wörter. Wenn jemand sagt: „Ich liebe dich“, denkt ihr: „Ja, er liebt mich“ oder „Ja, sie liebt mich.“ Ihr fallt darauf rein und geratet in Schwierigkeiten.

Seht euch doch den Betreffenden oder die Betreffende erst Mal näher an! Hört nicht auf die Worte, hört auf die Wirklichkeit. Bleibt in Kontakt mit der Wirklichkeit dieser Person und ihr werdet erkennen, ob die Worte bloß heiße Luft sind oder ob sie etwas enthalten. Und richtet euch nach dem Gehalt, nicht nur nach dem Wort; sonst nimmt die Sache früher oder später ein böses Ende. Das Wort ist schuld: Sie glaubten dem Wort und achteten nicht auf die Wirklichkeit.Lasst euch nicht von Worten benebeln, lasst euch nicht von Worten blenden. Verwehrt ihnen Einlass in eure Augen und Ohren, andernfalls werdet ihr in verlogenen Worten leben. Wörter sind an sich schon unwahr; sie gewinnen erst Bedeutung, wenn das Herz, aus dem sie kommen, etwas Wahrheit enthält.

Als Tokai einmal einen bestimmten Tempel besuchte, brach unter dem Küchenfußboden Feuer aus.

Feuer heißt Angst, Feuer heißt Tod – aber nicht das Wort Feuer.

Ein Mönch kam in Tokais Schlafzimmer gestürzt und brüllte: „Ein Feuer, Meister, ein Feuer!"

Er war beunruhigt, der Tod drohte.

„Ach ja?", sagte Tokai und setzte sich auf. „Und wo?"

Ein Meister lässt sich nicht aus der Ruhe bringen, selbst wenn der Tod droht. Denn das wäre kopfig. Ein Meister lässt sich auch nicht überraschen, selbst wenn der Tod droht, denn das wäre ebenfalls kopfig. Warum kann man einen Meister nicht überraschen? – weil er nie etwas erwartet. Wie könnte man einen Menschen überraschen, der nie etwas erwartet? Ihr nämlich habt Erwartungen, und dann passiert etwas anderes – darum seid ihr überrascht.

Wenn ihr die Straße entlanggeht und seht jemanden auf euch zukommen, und plötzlich wird er ein Pferd, dann seid ihr überrascht, erstaunt: Wie das? Aber selbst das würde jemanden wie Tokai nicht überraschen, denn er weiß: Das Leben ist ein Fluss – alles ist möglich, ein Mann kann sogar zu einem Pferd werden und umgekehrt. Das hat es schon oft genug gegeben, viele Menschen sind schon zu Pferden geworden und viele Pferde zu Menschen geworden …

Das Leben geht weiter! Ein Meister hat keine Erwartungen: Nichts kann ihn überraschen. Für ihn ist alles möglich, und er schließt keine Möglichkeit aus. Er lebt im Augenblick – völlig offen. Was immer auch geschieht, geschieht. Er wehrt sich nicht gegen die Wirklichkeit, will sich nicht schützen, sondern er akzeptiert.

Wer etwas erwartet, der kann nichts akzeptieren. Wer alles erwartet, kann nichts akzeptieren. Wer akzeptiert und nichts erwartet, den kann auch nichts überraschen, der kann sich auch über nichts aufregen. Aufregung ist ein Fieber, ist krankhaft. Wenn man sich aufregt, fiebert man bis in jede Faser hinein – das ist eine Krankheit.

Wer sich total aufregt, existiert nicht. Manch einem gefällt das sogar ... denn es gibt zwei Arten von Fieber: Dasjenige, das ihr mögt, nennt ihr Genuss, obwohl es auch ein Fieber ist; und das andere, das ihr nicht mögt, nennt ihr Schmerz, Krankheit, Übelkeit. Doch beides sind Erregungen. Und wenn ihr genau hinschaut, gehen sie ständig ineinander über.

Du liebst eine Frau; du bist erregt und du empfindest eine gewisse Lust, oder deutest es als Lust. Aber je länger die Frau bleibt, desto mehr verliert sich diese Erregung und macht der Langeweile Platz: Du hast die Nase voll, du möchtest am liebsten weglaufen und wieder allein sein. Und wenn die Frau einfach bleibt, geht es ins Negative. Du langweilst dich nicht nur, sondern bist in einem negativen Fieber: Dir wird übel, du möchtest dich übergeben.

Seht hin: Euer Leben ist genau wie ein Regenbogen. Es enthält all seine Farben – und ihr changiert ständig von einer Farbe zur anderen. Es enthält alle Extreme, alle Gegensätze: Eure Freude wird zu Schmerz, euer Schmerz wird zu Freude. Wenn der Schmerz zu lange währt, mögt ihr sogar einen gewissen Genuss daraus ziehen. Wenn der Genuss zu lange währt, bereitet er euch zweifellos Schmerz. Beides ist ein Erregungszustand, beides ist ein Fieber.

Ein Weiser ist ohne Fieber. Man kann ihn nicht erregen, man kann ihn nicht überraschen. Selbst angesichts des Todes wird er gelassen fragen: „Wo?"

Und diese Frage „Wo?" ist erst recht schön, weil sich ein Erleuchteter immer nur für das Hier interessiert! Das Dort interessiert ihn nicht, das Dann ebenso wenig, ihn interessiert nur das Jetzt. Das Jetzt und das Hier ist seine Wirklichkeit; das Dann und Dort ist eure Wirklichkeit.

„Ach ja?", sagte Tokai und setzte sich auf: „Und wo?"

Er will wissen, ob hier oder dort.

„Wo?!", rief der Mönch.

Weil er nicht fassen kann, wie jemand eine so dumme Frage stellen kann, wenn es brennt. Wieso springt er nicht aus dem Fenster oder rennt aus dem Haus – dies ist nicht die Zeit für subtile Streitgespräche!

„Wo?!", rief der Mönch. „Unter dem Küchenfußboden, wo sonst?! Steh auf!"
„So, so, die Küche ...", sagte Tokai schläfrig.

„Na, dann komm wieder und sag Bescheid, wenn's im Flur brennt."

Sag mir Bescheid, wenn das Feuer hier ist… Wenn es dort brennt, geht mich das nichts an.

Die Anekdote ist sehr vielsagend. Alles, was dort ist, geht uns nichts an; erst wenn es hier ist, wird es wirklich. Ein Meister vermag nicht für die Zukunft zu planen. Natürlich ist er bereit – egal was geschieht, er wird darauf eingehen –, aber er kann nichts proben und auch nichts planen, und er kann sich erst in Gang setzen, wenn die Wirklichkeit da ist.

Sein Standpunkt ist: „Lass die Wirklichkeit kommen, lass den Augenblick an meine Tür klopfen, dann werden wir weitersehen." Ohne die Last von Proben und Plänen ist er immerzu spontan – und egal was er tut: Spontaneität hat immer recht. Vergesst das nie. Wer spontan handelt, der handelt richtig: Nur daran erkennt man, was richtig und was falsch ist.

Alles Tun, das dem Augenblick entspringt, das lebendig auf die Situation eingeht, ist gut. Nichts sonst ist gut – es gibt kein anderes Kriterium für Gut und Schlecht.

Doch ihr habt Angst. Aufgrund eurer Angst erfindet ihr die Moral. Aufgrund eurer Angst unterscheidet ihr zwischen Richtig und Falsch. Seht ihr eigentlich nicht, dass sich eine Situation auch ändern kann, sodass das Richtige falsch wird und das Falsche richtig wird? Ihr aber stellt euch tot und schaut gar nicht erst hin, sondern haltet euch einfach nur an eure Vorstellungen von Richtig und falsch, mit allem, was dranhängt. Und dann seid ihr schief gewickelt.

Selbst Bäume sind klüger als ihr, die sind nicht schief gewickelt. Selbst Tiere sind klüger als ihr, sie sind nicht schief gewickelt. Sogar die Wolken sind klüger als ihr, auch sie sind nicht schief gewickelt.

Die ganze Welt ist in Ordnung – nur der Mensch liegt falsch? Wie konnte ihm das passieren? Nur aufgrund seiner eingebildeten Unterschiede: „Dies ist richtig und das ist falsch!" Und fürs Leben taugen derlei fixe Ideen nicht. Etwas ist in diesem Moment falsch und wird schon im nächsten Moment richtig. Etwas ist in diesem Moment richtig und wird schon im nächsten Moment falsch. Was macht ihr jetzt? Ihr werdet euch ständig in einem ängstlichen und besorgten Zustand befinden – innerlich verspannt.

Im Grunde lautet die Lehre aller, die erkannt haben: Seid hellwach und spontan, und alles, was sich aus eurer spontanen Wachheit ergibt, ist richtig – so wie alles falsch ist, was eine Folge eures Schlafs, eurer Unbewusstheit ist. Alles unbewusst Getane ist falsch – alles bewusst Getane ist richtig. Richtig und Falsch ist keine Unterscheidung zwischen Gegenständen; Richtig und Falsch ist eine Unterscheidung zwischen Bewusstheiten.

Wenn ihr auf die gewöhnlichen Moralisten hört, werden die euch erzählen: „Das Leben ist gefährlich, also sei mit einer Entscheidung gewappnet, sonst könntest du etwas falsch machen." Ich aber sage euch: Alles, was ihr aufgrund einer Entscheidung tut, wird falsch sein. Denn die gesamte Existenz pfeift auf deine Entscheidung und tut ohnehin, was sie für richtig hält. Du bist ein Teil von ihr – wie kannst du für sie entscheiden? Du brauchst nur da zu sein und die Situation wahrzunehmen und dann alles Gebotene tun, mit Demut und in dem Wissen, aller Wahrscheinlichkeit falsch zu liegen.

Sei nicht so egoistisch, dir einzubilden: „Alles, was ich mache, wird richtig sein.“ Wer soll denn das Falsche machen? Sei nicht so egoistisch, dir einzubilden: „Ich bin moralisch, und der andere ist unmoralisch.“

Der andere ist mit dir identisch. Du bist mit dem anderen identisch. Wir sind eins. Der Mörder und das Opfer sind nicht zwei. Aber entscheide nichts. Sei einfach nur da; spüre die Situation, lass die ganze Situation auf dich wirken, und lass dein inneres Bewusstsein alles machen, was kommt. Du solltest nicht der Macher sein, sondern nur ein Zeuge. Ein Macher muss vorher entscheiden, nicht aber ein Zeuge.

Dieser Kieselstein wird die gesamte Existenz verändern, denn alles ist mit allem wie in einem Netz verbunden. Genau wie in einem Spinnennetz: Egal wo man es berührt, ein wenig schüttelt, erzittert das ganze Netz, wird es überall spürbar. Genau, wie die ganze Existenz durch jenes Lächeln verändert wird. Doch wie beurteilen?

Mach dir also keine Gedanken um das Ergebnis, geh einfach nur auf die jetzige Situation ein. Sei spontan, hellwach; bleib einfach nur Zeuge und sei kein Macher.

Ein Mönch kam in Tokais Schlafzimmer gestürzt und brüllte: „Ein Feuer, Meister, ein Feuer!"
„Ach ja?", sagte Tokai und setzte sich auf: „Und wo?"
„Wo?!", rief der Mönch. „Unter dem Küchenfußboden,

wo sonst! Steh auf!"
„So, so, die Küche...", sagte Tokai schläfrig.
„Na, dann komm wieder und sag Bescheid,
wenn's im Flur brennt."
Sagt's und schnarcht bereits wieder.

Daran erkennt man einen Erwachten – obwohl es in der Küche brennt und das ganze Haus zu brennen droht, und alles rennt, rettet, flüchtet, alles drunter und drüber geht, lässt er sich nicht aus der Ruhe bringen, kann er entspannt wieder einschlafen und sofort schnarchen.

Diese Entspanntheit muss auf das tiefe Urvertrauen zurückgehen, dass alles, was geschieht, gut ist. Er ist unbesorgt – selbst wenn er stirbt, ist er unbesorgt. Selbst wenn ihn das Feuer überraschen und verbrennen sollte, ist er unbesorgt. Denn er existiert nicht mehr. Sein Ego ist nicht mehr da. Andernfalls wäre alles noch da – die Angst, die Sorge, die Zukunft, das Planen, der Wunsch zu fliehen und sich zu retten. Er aber legt sich unbesorgt wieder hin. Solange man noch einen Verstand und ein Ego hat, ist jede Entspannung ausgeschlossen: Alles ist ein für allemal Krampf und Anspannung.

Wie soll man entspannen? Gibt es überhaupt eine Möglichkeit, sich zu entspannen? Nein, es gibt so lange keine, bis du verstanden hast.

Wer das Wesen der Welt, das Wesen der Existenz selber versteht, braucht sich keine Sorgen mehr zu machen. Wozu sollte man sich auch Sorgen machen? Niemand hat dich gefragt, ob du geboren werden wolltest. Niemand wird dich fragen, wenn es Zeit für dich wird, wieder abgeholt zu werden. Wozu sich also Sorgen machen? Geboren wurdest du ohne dein Zutun, sterben wirst du ohne dein Zutun.

Was unterstehst du dich, dazwischenzufunken? Alles geschieht von selbst. Du empfindest Hunger, du empfindest Liebe, du empfindest Wut – alles widerfährt dir nur, aber du bist kein Macher. Die Natur sorgt für alles. Du isst und die Natur kümmert sich um die Verdauung; du brauchst nichts tun, damit dein Magen funktioniert, damit deine Mahlzeit zu Blut verarbeitet wird. Wer sich deshalb zu sehr verspannt, bekommt Magengeschwüre – riesengroße, keine gewöhnlichen.

Keine Sorge, alles bewegt sich. Das unendliche All bewegt sich. Du bist nur eine Welle darin. Entspann dich und lass alles geschehen. Sobald du loszulassen verstehst, hast du verstanden, was es wert ist, verstanden zu werden. Wenn du nicht loszulassen verstehst, ist alles Übrige, das du verstehst, wertlos; ist es Müll.

4. Die Illusion der Sicherheit

WIESO ENTSCHEIDET IHR EUCH FÜR DIE SKLAVEREI, WENN ihr auch die Freiheit haben könnt? Warum entscheidet ihr euch für den Käfig, wenn seine Tür offensteht und euch der ganze Himmel gehört?

Sucht nicht lange nach der Antwort: Der Käfig bietet Sicherheit. Er schützt euch vor Regen, vor Sonne, vor Orkanen, vor euren Feinden. Er schützt euch vor der Unendlichkeit des Alls, die euch zu verschlingen droht. Er gibt euch ein Dach überm Kopf, er ist euer schnuckeliges Zuhause, und ihr braucht euch nicht um die Nahrungssuche zu kümmern oder um ein trockenes Eckchen in der Regenzeit oder darum, ob ihr auch morgen noch etwas zu essen finden werdet.

Mit der Freiheit geht eine gewaltige Verantwortung einher. Sklaverei ist ein Kuhhandel: Du opferst deine Freiheit und jemand anders übernimmt dafür die Verantwortung für dein Leben, für deinen Schutz, für deine Ernährung, für deine Unterkunft – kurz, für alles Nötige. Dafür verlierst du nichts als deine Freiheit, verlierst du nichts als deine Flügel, verlierst du nichts als den sternenübersäten Himmel. Aber das war deine Seele. Du kannst dir nur einbilden sicher zu sein – denn Sicherheit ist die größte Illusion überhaupt. Die Liebe ist unsicher.

Zu leben heißt, im Ungewissen zu sein.

Zu leben heißt, ständig in Gefahr zu sein. Nur die Toten sind in Sicherheit, denn sie können nicht mehr sterben; jetzt kann ihnen nie wieder etwas passieren. Je lebendiger du bist, desto ungesicherter bist du. Daher ziehen viele es vor, nicht lebendig zu sein, denn durch eine gewisse Abgestorbenheit ist man abgesichert, geschützt, gepanzert. Viele ziehen es vor, die Wirklichkeit nicht zu erforschen, da die Wirklichkeit unsicher ist. Weder ich kann das ändern, noch ihr könnt das ändern – so ist es halt.

Die Wirklichkeit ist ungewiss. Man weiß nie, was im nächsten Moment geschehen wird. Vielleicht bin ich noch da, vielleicht auch nicht. Vielleicht seid ihr noch da, vielleicht auch nicht. Vielleicht kann man noch mal Luft holen, vielleicht auch nicht. Die Person, die dich liebt, mag dich morgen einfach nicht mehr kennen. So ist das Leben halt.

Also machen wir uns Illusionen – hinter denen wir uns dann verstecken, damit wir nicht die Unsicherheit des Lebens zu sehen brauchen. Die Ehe ist eine Illusion, die Liebe ist eine Realität. Die Liebe ist ungewiss. Niemand weiß, ob sie morgen noch da sein wird oder nicht. Sie ist wie ein Lufthauch: Sie kommt, wann sie will, sie geht, wann sie will. Sie ist nicht manipulierbar, sie ist nicht kontrollierbar, sie ist nicht vorhersehbar.

Doch der Verstand hat große Angst: Was ist, wenn deine Frau dich morgen verlässt? Wie kannst du jemals ohne sie leben? Du bist so abhängig von ihr geworden, dass du dir nicht mal vorstellen kannst ohne sie zu leben … also triffst du Vorsorge: Verriegelst Türen und Fenster, schließt alles ab, damit sie nicht fliehen kann. Genau das bedeutet die

Ehe: das Recht, einander wegzuschließen, sodass keiner so leicht entkommen kann. Ihr könnt zur Polizei gehen, ihr könnt vor Gericht gehen, du kannst deine Frau unter Druck setzen heimzukommen. Aber wenn du alle Türen und alle Fenster verschlossen hast, ist deine Frau nicht mehr wie einst, als sie noch unter freiem Himmel lebte, unterm Sternenhimmel. Sie ist nicht mehr dieselbe. Der Vogel im Flug ist etwas vollkommen anderes als der Vogel im Käfig. Der Vogel im Käfig ist ein anderer, weil er nicht mehr denselben Himmel, dieselbe Freiheit hat. Er ist ein Gefangener, seine Seele wurde getötet. Er ist nur scheinbar lebendig: Seine Flügel sind gestutzt. Er existiert nur zum Schein: Von jetzt an vegetiert er nur noch.

Ohne Freiheit gibt es kein Leben. Doch ein Gutes hat der Käfig – nämlich Sicherheit. Jetzt braucht sich der Vogel nicht um sein Futter zu kümmern; morgen früh wird er gefüttert wie üblich. Er braucht sich keine Sorgen um Feinde, Raubvögel zu machen; er ist unangreifbar.

Der Vogel mag sich einbilden, nicht eingesperrt, sondern beschützt zu werden. Selbst wenn du ihn eines Tages freisetzen willst, mag ihm das gar nicht gefallen, mag er sich wehren. Er mag nicht einmal gehen, wenn du die Tür öffnest, sondern sagen: „Ich geh nicht. Soll ich vielleicht meine Sicherheit aufgeben?" Er hat all die Freuden der Freiheit vergessen; für ihn zählt jetzt nur, wie bequem und angenehm seine Sicherheit ist.

Die Ehe ist ein Käfig – die Liebe ist der weite Himmel. Wir haben die Liebe zerstört und dafür die Illusion der Ehe ausgedacht. Das ist abstoßend!

Zwei Menschen, die einander lieben, ist das eine; zwei Menschen jedoch, die aus legalen Gründen zusammen sind, ist etwas absolut anderes. Ihre Seelen sind nicht mehr zusammen, nur ihre Körper sind aneinandergefesselt.

Da es kein Entrinnen gibt – denn eine Trennung könnten sie sich nicht leisten, und angesichts der Kinder und all der Annehmlichkeiten des Familienlebens und ihres Eigenheims –, beschließen sie Sklaven zu bleiben. Sie beabsichtigen, nicht mehr zu leben, sondern nur noch vor sich hinzuvegetieren. Und außerdem hat man natürlich das Kino seiner Illusionen über all das, wie es mal war und wie es mal sein wird. So ergeht es einem ja nicht nur selber; alle Menschen sitzen im gleichen Boot. Da wir nicht in der Gegenwart leben können ... denn in der Gegenwart zu leben ist gefährlich, weil man dann authentisch sein müsste. Wir leben in der Vergangenheit, wir leben in der Zukunft. Vergangenheit und Zukunft sind ganz einfach, bequem, ungefährlich. Seine Vergangenheit kann man manipulieren, kann man kontrollieren.

Ihr könnt eure Vergangenheit bestimmen, eure Vergangenheit ist sehr gehorsam. Sie ist non-existent, sie existiert nur in eurer Erinnerung; ihr könnt sie immer wieder arrangieren. Somit gehört es zu den größten psychologischen Erkenntnissen, dass bis heute noch keine Autobiografie geschrieben worden ist.

Es stehen zwar Millionen davon in den Regalen, aber allesamt stimmen sie nicht. Es scheint praktisch unmöglich zu sein, eine Autobiografie zu schreiben, weil man seine Erinnerungen ständig manipuliert.

Wer zurückschaut, schaut nicht auf seine wirkliche Vergangenheit: Die ist nicht mehr da, bis auf seine Erinnerung an sie, und auch aus der Erinnerung wählt man aus. Und zwar schon während man eine Erfahrung macht. Aus den tausend Dingen, die täglich geschehen, pickt man sich ein paar raus. Wissenschaftler sagen nur zwei Prozent – achtundneunzig Prozent werden verworfen –, nur zwei Prozent! Man pickt sich nur die Rosinen raus: Alles, was angenehm ist, dem Ego schmeichelt, befriedigend ist, pickt man raus. Alles was leidvoll, schmerzhaft zu sein scheint – alles was wehtut – fällt untern Tisch.

Eure Erinnerung ist eine Vorauswahl, und jedes Mal, wenn ihr euch erinnert, bauscht ihr eure Erlebnisse auf, und so verändert sich euer Gedächtnis ständig. Ihr übertüncht eure Erinnerungen ständig, streicht sie immer wieder neu an – Schichten über Schichten! Und wenn ihr schließlich eure Autobiografie schreibt … Und man schreibt seine Autobiografie ja erst, wenn man weiß, dass man bald stirbt. Erst wenn man weiß: „Jetzt ist alles vorbei!“, schreibt man seine Autobiografie. Wie kann man sie schon zu Lebzeiten schreiben? Man schreibt sie erst, wenn man meint, dass jetzt nichts mehr kommt: „Ich hab mein Leben hinter mir, bald ist Schluss, jetzt passiert nichts mehr.“ Man hält Rückschau und malt all seine Erinnerungen nach Wunsch.

Alle Lebenserinnerungen sind Romane. Ich rate allen Bibliothekaren, sämtliche Autobiografien zu den Romanen zu stellen. Sie sind Romane und nichts weiter: Alles, was einem genehm ist, wird übertrieben, und unbewusst fügt man Dinge hin, die es nie gegeben hat. Ich will nicht von

Täuschungsabsicht sprechen – keineswegs. Nein, man mag es ja durchaus selber glauben …

Setzt mal eine Lüge in Umlauf, und nach zehn Jahren werdet ihr euch fragen, ob es eine Lüge oder die Wahrheit war.

> Ein Journalist war gestorben; als er ans Himmelstor klopfte, öffnete Petrus und sagte: „Bist du etwa Journalist?"
> Denn Journalisten sind auf Anhieb zu erkennen – am ganzen Gesicht, an den Augen.
> Da sagt der Mann: „Ja, woher weißt du das?"
> Er erwiderte: „Journalisten sind ja nicht zu übersehen. Aber leider ist für Journalisten im Himmel kein Platz mehr, die Quote ist voll. Wir haben hier zwölf Journalisten; und selbst die sind müßig; denn im Himmel ist nie was los, jedenfalls nichts, was wert ist berichtet zu werden, keine Nachrichten."

Kennt ihr die Definition einer Nachricht von George Bernard Shaw? „Eine Nachricht ist, wenn ein Mensch einen Hund beißt, nicht wenn ein Hund einen Menschen beißt." Denn das ist keine Nachricht, nichts Neues …

> „Im Himmel entstehen keine Nachrichten; dort erscheint keine Zeitung. Selbst unsere zwölf Journalisten lungern nur rum, was sollten wir also mit dir anfangen. Geh zur Hölle, denn da wimmelt es nur so von Nachrichten, das ist das Einzige, was dort

passiert, dort ist alles eine Nachricht. Und es gibt unzählige Zeitungen, mit Riesenauflagen. Geh dorthin, und du wirst einen guten Job finden."

Aber der Journalist sagte: „Nein, da will ich nicht hin. Kannst du's nicht irgendwie deichseln? Gib mir vierundzwanzig Stunden Zeit; bis dahin werde ich einen von euren Journalisten beschwatzt haben zur Hölle zu gehen, und du kannst mir seinen Platz überlassen."

Petrus darauf: „In Ordnung – du hast vierundzwanzig Stunden. Geh rein."

Siegesgewiss ging der Journalist rein und setzte ein Gerücht in Umlauf. Jedem, den er traf, erzählte er: „Schon gehört? In der Hölle wird eine Riesenzeitung aufgemacht, und sie suchen noch einen Herausgeber, dessen Stellvertreter und Leiter für sämtliche Ressorts und für dieses und jenes", und das bekam jeder zu hören, den er traf. Nach vierundzwanzig Stunden ging er zum Tor.

Petrus verstellte ihm den Weg: „Du kannst nicht raus! Du musst hierbleiben."

Er fragte: „Was ist denn los?"

Sankt Petrus erwiderte: „Alle zwölf sind getürmt. Jetzt brauchen wir wenigstens zum Schein einen Journalisten! Rein mit dir!"

Der Journalist darauf: „Ich muss sofort weg von hier. Lass mich raus! Offenbar ist an diesem Gerücht etwas dran! Wie können es zwölf Leute glauben, wenn gar nichts dran ist? Es kann nicht nur ein

Gerücht sein, es muss etwas Wahres dran sein – vielleicht nur ein Körnchen Wahrheit, aber irgendetwas davon muss stimmen. Ich halt's hier nicht länger aus. Mach das Tor auf, lass mich gehen!"

Wer eine Lüge in Umlauf setzt, wird sie über kurz oder lang selber glauben. Ja, er wird sie schon glauben, bevor andere sie glauben, und nach zehn Jahren wird ihm entfallen sein, ob es eine Lüge war. Nach zehn Jahren wird er kaum noch wissen, ob er das nur geträumt oder wirklich erlebt hat. Seine Träume und sein Leben werden sich vermischt haben.

Eine Autobiografie zu schreiben ist sehr schwierig. Das hat noch keiner vermocht, und ich glaube nicht, dass es je gelungen ist. Wer es könnte, lässt die Finger davon.

Ein Buddha könnte eine schreiben, aber ihm zufolge gibt es gar keine Biografie zu schreiben. Er sagt: „Ich wurde nie geboren." Er sagt: „Ich habe nie auch nur ein Wort gesagt." Er sagt: „Ich bin nie erleuchtet worden, denn ich war nie unerleuchtet." Er sagt: „Ich bin nie gestorben, denn nichts stirbt je. Von was für einer Autobiografie ist also die Rede?! Es gibt kein Selbst, also auch keine Autobiografie. Es gibt kein Ich, es gibt keinen Mittelpunkt, geschweige denn eine Kreisumgebung. Unmöglich."

Ein Buddha kann zwar eine schreiben, wird es aber nicht tun; und wer es doch tut, wird zwangsläufig einen Roman schreiben. Man lebt ständig in seiner Vergangenheit; das ist sehr bequem. Wer kann das verhindern? – seine Vergangenheit hat man selbst in der Hand. Also kann man mir ihr alles machen, was man will. Das gilt auch für die Zukunft:

Man kann Präsident von Amerika oder Indien werden – irgendwann. Ihr könnt machen, was ihr wollt. Und alle machen irgendetwas ... einfach nur am still Straßenrand sitzend malt man sich aus, man fände auf der Straße eine Tasche voll Geld. Und nicht genug damit, man fängt an zu planen, was man mit dem Geld alles machen kann, anschaffen kann. Man hat es in der Hand.

Die Vergangenheit und die Zukunft setzen einem den Floh ins Ohr, ein König zu sein. Die Gegenwart raubt einem sämtliche Illusionen, die Gegenwart bringt nichts als die nackte Wahrheit zum Vorschein. Und die Gegenwart offenbart, wie ungewiss das Leben ist; denn wer lebt, muss auch sterben. Zum Leben gehört auch der Tod. Und alles, was der Sache nach nicht ewig währen kann – mithin alles, was existiert! – wird über kurz oder lang nicht mehr da sein. Die Blume, die heut früh so schön blühte, ist schon am Abend erledigt, sie lässt ihren Kopf hängen; und morgen wird sie spurlos verschwunden sein.

So ist das wirkliche Leben: veränderlich, beweglich, dynamisch, nie statisch, niemals von Dauer, immer fließend.

Darum zieht nicht nur ihr es vor, in der Vergangenheit und der Zukunft zu leben, sondern jeder – um der Gegenwart und ihrer Gefahr auszuweichen.

Friedrich Nietzsche hat recht; er sagt „Lebe gefährlich!" Tatsächlich gibt es gar keine andere Möglichkeit zu leben; man kann nur gefährlich leben. Die andere Möglichkeit ist, dem Leben auszuweichen, gar nicht zu leben.

Und genau darum geht es bei Sannyas: nämlich darum, die Ungewissheit des Lebens zu akzeptieren, den Tod zu akzeptieren. Darum, zu akzeptieren, dass alles jederzeit vorbei sein kann. Deine Liebe, deine Freundschaft, du selbst, alles ist nur im Moment da. Schon einen Moment später werden die Blüten welken, ist alles vorbei.

Dies zu wissen und dennoch zu jubeln, dies zu wissen und dennoch zu tanzen, dies zu wissen und dennoch ein Lied zu singen, dies zu wissen und dennoch leuchtende Augen zu haben – genau darum geht es bei Sannyas. Diese Ungewissheit ist nämlich schön! Diese Ungewissheit ist ein Segen; wäre nämlich alles gewiss, gäbe es überhaupt kein Leben. Wäre alles gewiss, gäbe es nur Steine über Steine – weder Blumen noch Vögel noch Menschen. Wäre alles gewiss, gäbe es vielleicht Banknoten, Mathematik, Wissenschaft, aber keine Poesie, keine Musik, keinen Tanz. Die Welt wäre mausetot, unecht, eine Plastik-Attrappe.

Die wirkliche Welt muss ständig gefährdet sein. Diese Gefährdung macht sie erst recht schön; diese Gefährdung verleiht ihr Tiefe, diese Gefährdung macht sie herausfordernd. Kommt raus aus eurer Komfortzone und euren Illusionen.

VERTRAUEN HEISST OFFEN SEIN, ZUGÄNGLICH - SO EMPfänglich wie ein Mutterschoß. Dass man sich öffnet für den Wind und den Regen und die Sonne der Existenz, dass man sich überhaupt nicht mehr wehrt – dass man im Zustand der Losgelassenheit ist...

Das ist Vertrauen: Losgelassen zu haben. Sich von der Existenz tragen zu lassen, sich nur noch vom Fluss zum Meer treiben zu lassen – ohne jegliche Zielvorstellung, ohne einen Gedanken daran, dass man existiert – so entspannt dem Fluss des Lebens zu folgen, dass man mit ihm verschmilzt: Nur ein Kräuseln, eine Welle auf dem Fluss – das ist Vertrauen.

Es gibt Dinge, die nur von selber geschehen, die nicht getan werden können. Etwas zu tun, ist etwas ganz Gewöhnliches, Alltägliches. Man kann etwas tun, um Geld zu machen, man kann etwas tun, um mächtig zu werden, man kann etwas tun, um angesehen zu werden ... Doch was Liebe betrifft, was Dankbarkeit betrifft, was Stille betrifft, kann man überhaupt nichts tun. Es kommt vor allem darauf an zu verstehen, dass das Tun etwas Diesseitiges ist, und das Nichttun etwas Jenseitiges ist – wo alles von selber geschieht, wo man sich nur von der Strömung ans Ufer tragen lassen kann. Wer schwimmt, kommt nicht an, wer etwas tut, bewirkt nur das Gegenteil – denn jegliches Tun ist weltlich.

Nur die Wenigsten lernen das Geheimnis des Nichttuns und des Geschehenlassens kennen. Nur wer Großes will ... Etwas, das sich den Händen des Menschen, dem Verstand des Menschen, den Fähigkeiten des Menschen entzieht – so lernt man die Kunst des Nichttuns. Ich nenne es Meditation. Aber das Verflixte ist: Kaum hat man es benannt, fragen alle sofort, wie es gemacht wird. Und das kann man ihnen gar nicht einmal vorwerfen, suggeriert doch bereits das Wort Meditation, dass man da etwas machen muss.

Man hat sein Abitur, seinen Doktor und was nicht alles sonst noch „gemacht" – folglich will man, wenn man das Wort „Meditation" hört, wissen: „Dann verrate uns einfach nur noch, wie's gemacht wird!"

Dabei bedeutet Meditation den Beginn des Nichttuns, der Entspannung, dass man sich den Gezeiten überlässt – sich einfach nur im Winde treiben lässt wie ein totes Blatt oder eine Wolke! Fragt man etwa eine Wolke: „Wohin geht's?" Das weiß sie ja selbst nicht! Sie hat keine Adresse, sie hat kein Ziel; wenn der Wind umschlägt ... eben noch ging es nach Süden, plötzlich geht es nach Norden! Keine Wolke wirft dem Wind vor: „Was soll der Unsinn?! Eben ging es nach Süden, jetzt geht es nach Norden – was soll das Ganze?" Nein, sie zieht einfach ebenso leicht nach Norden, wie sie nach Süden zog. Ihr ist es völlig egal, ob es nach Süden, Norden, Osten oder Westen geht. Sie überlässt sich dem Wind, ohne Wunsch, ohne Ziel ... sie muss nirgendwohin und genießt einfach nur die Reise.

Meditation macht aus euch eine Wolke – eine Wolke des Bewusstseins. Dann ist man ziellos.

Fragt bitte nie einen Meditierer: „Warum meditierst du?", denn die Frage ist irrelevant. Zu meditieren ist sowohl das Ziel als auch der Weg. Vor allem Laotse spielt in der Geschichte des Nichttuns eine wichtige Rolle. Wäre die Geschichtsschreibung unvoreingenommen, sollte sie zwischen zwei Strömungen unterscheiden: einerseits die Geschichte der Tatmenschen – Dschingis Khan, Tamerlan, Nadirshah, Alexander, Napoleon Bonaparte, Iwan der Schreckliche, Josef Stalin, Adolf Hitler, Benito Mussolini; die alle gehören der Welt des Handelns an.

Es sollte noch eine andere Geschichtswelt geben, die der höheren, der wahren Geschichte: die des menschlichen Bewusstseins, der menschlichen Evolution ... Und zwar die Geschichte von Laotse, Tschuangtses, Liehtse, Gautam Buddha, Mahavira, Bhodhidharma ... die auf einem völlig anderen Blatt steht.

Laotse wurde erleuchtet, als er unter einem Baum saß ... ein Blatt flatterte herab ... es war Herbst, das Blatt hatte es nicht eilig. Es nahm sich Zeit, um ganz gemächlich im Winde herunter zu trudeln. Er beobachtete, wie das Blatt zu Boden fiel und liegen blieb. Und während er beobachtete, wie das Blatt auf dem Boden zur Ruhe kam, beruhigte sich auch in ihm etwas. Im selben Moment wurde er zum Nichttuer: Der Wind weht von selber, die Existenz sorgt dafür.

Er war der Zeitgenosse des großen Denkers, Moralisten, Gesetzgebers Konfuzius. Dieser gehört der anderen Geschichte an, der Geschichte der Tatmenschen. Konfuzius hatte enormen Einfluss auf China – bis heute.

Tschuangtse und Liehtse waren die Schüler von Laotse. Diese drei haben die höchsten Gipfel erstiegen, aber sie scheinen niemanden zu beeindrucken. Die Leute sind nur von einem beeindruckt, der Großes vollbringt. Wen beeindruckt es schon, wenn einer den Zustand des Nichttuns erreicht hat?

Aber kaum hatte Konfuzius von der Existenz Laotses erfahren, war sein Interesse erwacht: „Wer mag dieser Mann sein, der behauptet, wahre Größe ist nur zu erlangen, indem man einfach keinen Finger mehr rührt? Was soll schon zustande kommen, wenn man nichts tut?! Man muss etwas tun, man muss ein großer Tatmensch werden!"

Und als er hörte, dass Laotse sich ganz in der Nähe im Gebirge aufhalte, ging Konfuzius ihn mit seinen Schülern besuchen. Er hatte viele Schüler – Könige, Fürsten. Er war ein bedeutender Lehrer.

Sie mussten draußen bleiben; er sagte: „Lasst mich die Höhle zunächst allein betreten und ihn begrüßen. Es heißt nämlich, er sei gefährlich, und ich weiß nicht, wie er sich mir gegenüber verhalten wird. Bleibt also erstmal draußen, bis ich euch hereinrufe, andernfalls werde ich euch danach alles berichten."

Klugerweise nahm er nicht die ganze Schülerschar mit; denn als er zurückkam, war er schweißgebadet.

Da fragten sie: „Was ist passiert? Wieso schwitzt du denn in dieser Kälte, in diesem eisigen Bergwind?"

Er erwiderte: „Ich sollte froh sein, dass ich noch lebe. Der Mann ist kein Mensch, sondern ein Drache. Er ist tatsächlich gefährlich: Macht einen großen Bogen um ihn!"

Laotse hat darüber kein Wort verloren, was in der Höhle passiert ist. Wir kennen nur den Bericht von Konfuzius, wo er sagt: „Als ich eintrat, würdigte er mich keines Blickes. Ich ging um ihn herum, aber ich war für ihn Luft. Schon deshalb begann ich zu zittern – angesichts dieses Mannes, der so still dasaß, als wäre er gar nicht da. Irgendwann musste ich das Schweigen brechen, das Eis brechen und stellte mich vor: ‚Ich bin Konfuzius!'

Und wisst ihr, was da dieser komische Kauz, dieser gefährliche Bursche gesagt hat? ‚Na und? Bleib Konfuzius.'

Es fand keine Unterhaltung statt – denn was sollte man mit so jemandem auch anfangen? Ich sagte: ‚Ich bin hergekommen, um mit dir zu reden.' Er darauf: ‚Nur zu, schieß los. Ich hab noch keinem das Wort verboten. Rede, aber hier ist niemand, der dir antworten wird.'

‚Ich nahm meinen ganzen Mut zusammen', sagte Konfuzius, um zu fragen: ‚Aber was ist mit dir?'

Da sagte er lachend: „Ich? Ja, früher, war ich noch da, aber ich bin schon seit langem nicht mehr da. Das Haus ist leer, es gibt hier keinen Gastgeber. Aber wenn du willst, kannst du gern Gast sein."'

Als er merkte, dass mit diesem Mann nicht an eine gesittete Konversation zu denken war, sagte Konfuzius: „Ich bin von weither gekommen…" – auf die Art wollte er Laotse erpressen, sich seiner ein wenig zu erbarmen.

Laotse sagte: „Das beweist, wie dumm du bist. Du hast keine Ahnung, wer ich bin; sonst wärst du nicht hergekommen. Jetzt willst du mein Mitleid haben. Wie kann ein Mann Mitleid haben, der abwesend ist?"

Konfuzius darauf: „Gib mir einen Rat: Wie kann ich mich entspannen, zur Ruhe kommen?"

Laotse erwiderte: „Bis dahin wird es noch lange dauern. Irgendwann bist du tot, und in deinem Grab kannst du entspannen und zur Ruhe kommen, eher nicht. Aber wenn du schon vorher zur Ruhe kommen willst, dann schick die Menge fort, die du draußen gelassen hast. Bleib hier, ich geh raus – vor meinem Löwengebrüll werden sie alle abhauen. Keiner wird sich je wieder in dieser Höhle blicken lassen. Ruh dich aus und entspann dich."

Darauf Konfuzius: „Nein, mach das bitte nicht! Das sind meine Schüler, manche sind Könige und Fürsten, manche sind wichtige reiche Leute. Das kann ich mir nicht leisten."

Laotse antwortete: „Deswegen sagte ich, dass du dir, solange du lebst, keine Entspannung und Ruhe leisten kannst; nur der Tod kann dir helfen. Nur diejenigen, die verstehen, können lebend zur Ruhe kommen und sich entspannen. Und dies ist das Wunder: Für sie gibt keinen Tod, weil sie dem Tod bereits seine Arbeit abgenommen haben. Nur Dumme ruhen sich nicht aus und entspannen sich nicht. Hierfür hat die Natur sich ein Hilfsmittel namens Tod ausgedacht – damit sie im Grabe entspannen können. Nur keine Sorge. Du wirst ein gediegenes Mausoleum aus Marmor bekommen, mir einem tollen Epithaph in goldenen Lettern: ‚Hier liegt der große Konfuzius, der Lehrer von Königen und Kaisern.' Aber wenn du zu mir kommen möchtest, musst du dir im Klaren sein, dass ich dein Tod sein werde. Anders geht es nicht – es sei denn, ich töte, zerstöre dich – du bist jedenfalls nicht zu retten."

Irgendwie konnte Konfuzius noch sagen: „Ich werde wiederkommen."

Laotse lachte und sagte: „Lüge nicht. Du wirst nie wiederkommen. Diesmal bist du nur gekommen, weil du keine Ahnung hattest, mit wem du es zu tun haben würdest. Aber es hat mir Spaß gemacht. So, und jetzt geh raus und binde deinen Leuten so viele Lügen auf, wie du willst."

Also wissen wir nicht genau, was in jener Höhle damals passiert ist. Nur so viel, von Konfuzius. Es wird sich dort noch viel mehr abgespielt haben, was sich nur mit viel Mut berichten ließe.

Laotse lehrte nichts anderes als den Weg des Wassers: „Lasst euch vom Wasser tragen, wohin es will. Schwimmt nicht." Aber unser Kopf will immer etwas zu tun haben, denn dann kann das Ego sich damit brüsten.

Wenn euch die Strömung zur Küste gebracht hat, ist das der Strömung zu verdanken, nicht euch. Wenn ihr zur Küste geschwommen wärt, könntet ihr euch in die Brust werfen: „Ich hab's geschafft, den Ärmelkanal zu durchschwimmen!" Aber hättet ihr das nicht auch der Strömung überlassen können? Hättet ihr das nicht auch der Existenz überlassen können?

Der Existenz bringt dich zur Welt, schenkt dir das Leben, schenkt dir Liebe; beschert dir all das Unschätzbare, das mit Geld nicht zu haben ist. Nur diejenigen, die gern zugeben, dass sie ihr ganzes Leben der Existenz verdanken, können ihre Schönheit und ihren Segen ermessen; nur solche Menschen sind religiöse Menschen. Es kommt nicht drauf an, dass es euer Werk ist; es kommt vielmehr auf eure Abwesenheit an, dass ihr euch da raushaltet und nicht einmischt. Lasst los – schon diese zwei Worte enthalten die gesamte religiöse Erfahrung. Habt ihr einmal gesehen, wie Menschen in einem Fluss ertrinken? Solange sie lebendig sind, tauchen sie immer wieder auf und rufen „Hilfe, Hilfe!“ Und dann tauchen sie wieder ab, kommen hoch, tauchen ab, und irgendwann kommen sie nicht wieder hoch. Doch nach zwei oder drei Tagen kommen sie hoch und gehen nicht mehr unter – aber jetzt sind sie tot.

Das Dorf, in dem ich geboren wurde, lag an einem herrlichen Fluss und ich habe gesehen, wie einige Leute in diesem Fluss ertrunken sind. Es war ein Gebirgsfluss, in der Regenzeit wurde er mehrere Kilometer breit und schwoll zu einem reißenden Strom an, der nur unter Lebensgefahr zu durchschwimmen war – aber wenn sie ertranken, kamen sie plötzlich hoch und fingen an zu treiben.

In frühester Kindheit lernte ich so, dass Tote etwas wissen, was Lebende nicht wissen, denn Lebende rufen „Hilfe! Hilfe!“ und gehen unter. Tote kommen einfach nur stillschweigend hoch. Und wie sie dahintreiben … einfach so! – von Ertrinken keine Spur mehr. Offenbar hatten sie ein Geheimnis. Ich fragte meinen Vater: „Was ist das für ein Geheimnis, das nur die Toten kennen?“

Er antwortete: „Du bist verrückt und wirst mich noch ganz verrückt machen. Woher soll ich das wissen? Sie sind einfach tot, sie wissen nichts.“

Ich darauf: „Das nehm ich dir nicht ab. Denn so friedlich, wie sie dahintreiben, haben sie offenbar ein Geheimnis, das den Lebenden entgeht.“

Und als ich zu schwimmen begann, kam ich hinter ihr Geheimnis. Am Anfang, wenn man das Schwimmen lernt, scheint es so schwer, nahezu unmöglich zu sein. Man geht ständig unter – hat die Nase, den Mund voll Wasser –, aber nach drei oder vier Tagen kann man's fehlerlos, als wäre man viele Leben lang geschwommen. Und schon nach drei oder vier Tagen kann man sich wie ein Toter treiben lassen, ohne zu schwimmen, ohne seine Hände zu bewegen. Man liegt einfach entspannt da, und der Fluss will einen nicht mehr ersäufen.

Ich erklärte meinem Vater: „Jetzt weiß ich das Geheimnis. Da ist nichts weiter dran, es ist eine einfache Sache. Weil die Toten nicht versuchen zu schwimmen, sind sie entspannt. Sie haben keine Angst vorm Ertrinken, sie sind ja schon tot, was bleibt ihnen anderes übrig? Sie befinden sich in einem Zustand des Nichttuns, während die Lebenden sich so angestrengt zu retten versuchen. Es liegt nicht am Fluss, dass sie ertrinken, vielmehr ertrinken sie deshalb, weil sie sich so verzweifelt zu retten versuchen! Denn jetzt kann ich genauso sein wie eine Wasserleiche; ich kann stundenlang so liegen bleiben, ohne dass der Fluss daran interessiert wäre, mich zu ersäufen. Also liegt es am Nichttun: Ich brauche nichts zu tun."

Ihr aber wollt immer alles im Leben selber machen; überlasst bitte ein paar Dinge dem Nichttun, denn das sind die wirklich wertvollen Dinge.

Es gibt Leute, die versuchen zu lieben, weil ihnen ihre Mutter von frühester Kindheit an eingeschärft hat: „Du musst mich lieben, denn ich bin deine Mutter!" Damit unterschiebt man sogar noch der Liebe eine logische Zwangsläufigkeit: „ … denn ich bin deine Mutter." Sie vereitelt damit, dass sich die Liebe von selbst entfaltet; sie muss erzwungen werden. Der Vater sagt ständig: „Liebe mich, ich bin dein Vater." Und das Kind ist so wehrlos, dass ihm nichts anderes übrig bleibt als zu heucheln.

Was kann es sonst tun? Es kann lächeln, es kann einen Kuss geben, aber es weiß, dass das nur geheuchelt ist – es steht nicht dahinter, es macht nur Theater. Es kommt nicht von innen. Es tut es nur, weil du sein Pappi oder seine Mammi oder wer auch immer bist. Auf diese Weise wird eine der kostbarsten Erfahrungen des Lebens ausgehöhlt. Dann verlangen Ehefrauen von ihren Männern: „Du musst mich lieben: Ich bin deine Frau." Komisch. Ehemänner verlangen von ihren Frauen: „Du musst mich lieben. Ich bin dein Mann: Ich habe ein Recht darauf."

Man kann Liebe nicht fordern. Wenn sie euch zuteil wird, seid dankbar. Wenn sie ausbleibt, wartet ab. Nur wartet bitte klaglos, denn ihr habt kein Recht auf sie. Niemand hat ein Recht auf Liebe. Das macht alles kaputt, und dann lächeln Ehefrauen, umarmen die Ehemänner …

Der berühmte amerikanische Autor Dale Carnegie schreibt in einem seiner Bücher, jeder Ehemann solle seiner Frau mindestens drei Mal am Tag versichern: „Ich liebe dich, Schatz." Seid ihr verrückt? Und er meint es ernst, es funktioniert! Viele Leute, Abermillionen sind bekennende Anhänger Dale Carnegies. Zitat: „Wenn Sie nach Hause kommen, bringen Sie ihr als Beweis Ihrer Liebe Eiscreme, Blumen, am besten Rosen mit."

Als bräuchte Liebe Beweise, auf materieller, praktischer, linguistischer Ebene, und wieder und wieder ausgesprochen, damit niemand es vergisst. Wenn man ein paar Tage lang seiner Frau nicht „Ich liebe dich" gesagt hat, wird sie nachrechnen, wie oft man es vergessen hat, denn sie wird einfach nicht den Verdacht los: „Offenbar flüstert der Kerl es einer anderen ins Ohr" – da ihre Quote nicht erfüllt wird. Liebe wird zu einer eine Quantität. Wenn er kein Eis mehr mitbringt, landet das Eis offenbar woanders – und das ist unerträglich!

Wir leben in einer Gesellschaft von überzeugten Machern, aber derweil verhungert eure spirituelle Seite – denn die braucht etwas, das nicht gemacht wird, sondern geschieht.

Statt also ein verlegenes „Ich liebe dich" zu stammeln, hörst du dich plötzlich sagen, dass du sie liebst. Du weißt selbst nicht, wo das herkommt; denn du hast es ja nicht erst stumm geübt und dann ausgesprochen – nein, es ist spontan aus dir herausgeplatzt! Und tatsächlich bleiben die wirklichen Augenblicke der Liebe unausgesprochen. Wenn du wirklich Liebe empfindest, genügt schon dieses Gefühl, um dir eine gewisse Ausstrahlung zu verleihen, die alles sagt, was du nicht sagen kannst, was überhaupt nicht gesagt werden kann.

Ich habe mich, was das betrifft, von frühester Kindheit an in jeder Hinsicht gewehrt. Ich warnte meinen Vater: „Ich werde dich nicht deswegen respektieren, weil du mein Vater bist – sondern nur, wenn du Respekt verdient hast. Ob du mein Vater bist oder nicht, ist mir egal; das spielt keine Rolle. Ich werde dich nur lieben, wenn du liebenswürdig bist. Also nicht, weil du mein Vater bist, sondern weil du liebenswert bist."

Ich musste mich mit meinen Lehrern und Professoren herumschlagen: „Ich werde Sie nur respektieren, wenn Sie respektabel sind. Wenn Sie nicht respektabel sind, dann verlangen Sie auch keinen Respekt von mir – denn genau das wäre Heuchelei. Sie bringen mir Heuchelei bei, und von keinem meiner Lehrer erwarte ich, mir Heuchelei beizubringen."

Wir leben ohne zu rebellieren ... und das Ende vom Lied ist, dass wir ganz allmählich Heuchler werden. Wir vergessen vollkommen, dass das Heuchelei ist. Und ein Heuchler kann sich im Leben nicht vorstellen, was Geschehenlassen überhaupt ist. Wer vom Tun und Machen gar nicht genug kriegen kann, wird praktisch zum Roboter. Er ist sein ganzes Leben lang aktiv. Von früh bis spät ist er beschäftigt, sodass alles, was er hat, eine Folge von Aktionismus ist.

Wenn ihr also plötzlich die Erfahrung macht, dass etwas ganz von selber geschieht, dann betrachtet dies als ein Geschenk der Existenz – und beginnt im selben Moment mit einer neuen Lebensweise! Lasst euch, statt zu schwimmen, von der Strömung an eine unbekannte Küste tragen.

Mir geht es einzig und allein ums Nichttun. Gebt euch einfach während des Tages ein paar Augenblicke des Nichttuns – und in euch werden Fenster aufgehen ... Fenster zum Universum, zum ewigen Leben!

DIE GESAMTE MORAL DER WELT - SO VERSCHIEDEN IHRE Formen auch sind – läuft im Grunde darauf hinaus, euch zu verdammen. Ihr seid falsch! Da muss man was gegen tun! Ihr müsst euch verbessern, euch aufpolieren. Ihr müsst was wert sein.

Sagt jemand: „Die Tür ist schon offen," ist euch das nicht geheuer – und ihr könnt nicht eintreten. Sagt er aber: „Erst in Zukunft!", dann habt ihr Zeit genug, ihr atmet auf: Das kriegt ihr schon hin. Dann poliert ihr euch auf, malt euch was aus – ein Ideal! – und schickt euch an, irgendwann heilig zu werden.

Das ist eine List des Verstandes: Denn da ihr es aufschieben dürft, könnt ihr so bleiben, wie ihr seid. Um so bleiben zu können, euch nicht ändern zu müssen, schiebt euer Verstand es auf die lange Bank. Ideale sind nötig, um den Sprung nicht wagen zu müssen. Zeit ist nötig, um es aufschieben zu können. Aufschub ist die Voraussetzung, um so weiterzumachen wie bisher.

Es gibt nur eine Art zu leben

FRIEDRICH NIETZSCHE HAT GESAGT: „LEBE GEFÄHRLICH." Das ist die einzige Art zu leben: in Unsicherheit zu leben. Und das Schöne an der Unsicherheit ist, dass sie im selben Moment spurlos aus eurem Leben verschwindet, da ihr den Mut habt, in Unsicherheit zu leben. Alan Watts nannte das „die Sicherheit der Unsicherheit."

Es gibt so etwas wie die Sicherheit der Unsicherheit. Alles, was ihr für sicher haltet, ist nicht sicher; im Innersten gibt es eine Unterströmung von Unsicherheit. Du hast eine Menge Geld auf dem Konto, aber deine Bank kann Pleite gehen – das nennst du Sicherheit?

Du hast einen kräftigen Körper, aber jeder Körper wird irgendwann krank: Ein Herzinfarkt, und schon hat der Tod dich eingeholt. Dein Körper kann noch so schön sein – er kann jederzeit hässlich werden – ein Autounfall oder was auch immer. Du hast eine schöne Frau, die dich liebt, aber morgen schon kann sie sich in einen andern verlieben. Denn wenn sie sich in dich verlieben konnte, kann sie sich auch in sonstwen verlieben. Heute bist du in irgendwen verliebt – wer weiß, was morgen ist?

Nichts ist sicher. Du tust nur so, als wäre alles sicher. Deine Sicherheit ist nur eine Tarnung; dahinter steckt nichts als Unsicherheit. Deine Freunde können zu Feinden werden, deine Brüder können dich verraten; nichts ist sicher.

Erkennt einfach, dass all unsere Sicherheit oberflächlich, nur Fassade ist; dahinter ist es Unsicherheit.

Und umgekehrt gilt das auch: Wer ein unsicheres Leben beginnt, wird erstaunt feststellen: Unsicher ist er nur an der Oberfläche und innen drin ist er sicher.

Wie kommt das? Indem du deine Angst vor der Unsicherheit aufgibst, verschwindet sie. Du hast nämlich nur Angst vor der Angst! Statt Angst vor ihr zu haben, genieße lieber den Nervenkitzel. Unsicherheit ist ein Abenteuer: Wenn du tiefer ins Unbekannte eindringst, beschert sie dir eine Überraschung nach der anderen. Das hat einen enormen Reiz. Jeden Moment führt sie dich aus dem Bekannten ins Unbekannte, es kommt ständig zu Überraschungen, und kein Augenblick deines Leben ist mehr vorhersagbar.

Hakim Sanai sagt:

Bevor du nicht dein Schwert wegwirfst, wirst du kein Schild.

Wenn du, um dich zu schützen, dein Schwert in der Hand behältst, wirst du ungeschützt bleiben, kannst du nicht zu einem Schild werden. Wirf dein Schwert weg, und im selben Augenblick bist du das Schild. Wirf deine Angst vor der Unsicherheit weg, wirf deinen Wunsch weg, sicher zu sein, und du bist sicher! Alle Sicherheit kommt von Gott, vom Göttlichen, vom Ganzen. Wenn du als Eigenbrötler für dich lebst, bist du unsicher. Wenn du, statt nur an dich selbst zu denken, mit dem Ganzen verschmilzt, bist du sicher. Nur diese Einswerdung bringt Sicherheit: Dann wirst du zum Schild.

Er sagt auch:

Bevor du deine Krone nicht ablegst, taugst du nicht als Anführer.

Das ist das eigentliche Grundübel – auf Sicherheit aus zu sein. Und das ist das eigentliche Böse – seine Lebendigkeit für sein Überleben zu verkaufen. Im Kopf zu sein heißt, am Überleben interessiert zu sein. Das Ego ist immer nur darauf aus zu überleben, der Verstand will sich auf jeden Fall absichern. Und mit seiner Sicherheitsbesessenheit verkrüppelt er dich, lähmt er dich. Der Kuhhandel, die Lebendigkeit gegen das Überleben einzutauschen, ist das eigentliche Böse.

Gebt diese Angst vor der Unsicherheit auf. Liebt die Unsicherheit, denn sie ist das Leben. Lebt nicht in Angst, denn wer in Angst lebt, lebt überhaupt nicht, sondern vegetiert vor sich hin. Wer in Angst lebt, starrt wie gebannt auf den Tod. Angst ist Angst vorm Tod. Jegliche Angst wurzelt in der Angst vorm Tod. Und wer in Angst lebt, verpasst ständig sein Leben. Denn wie kann er sein Leben genießen, wenn er immer nur an den Tod denkt?

Wer Angst vor Abenteuern hat, der bleibt zu; dann lebt er praktisch in einem Grab. Dann sieht er sich von der Angst umzingelt, quälen ihn alle möglichen Ängste, wird er irgendwann paranoid. Statt leben zu können, kraucht er nur auf allen Vieren. Er überlebt nur, lebt aber nicht. Macht euch von dieser Angst frei – denn sonst geht das endlos so weiter; sonst wird sie nur immer größer … und ertränkt euch in ihrem Schlamm.

So wie Bäume grün sind, ist das Leben unsicher. Wenn ihr fordert, dass Bäume weiß sein sollen, gibt es Probleme. Das Problem liegt an euch, nicht an den Bäumen! Sie sind grün, ihr aber wollt, dass sie weiß sind? Das können sie nicht; das können sie nicht leisten.

Das Leben ist unsicher, die Liebe ist unsicher.

Wir leben in der Leere, in einem gewaltigen Nichts – und das ist gut so, denn sonst wären wir tot. Das Leben kann erst Sicherheit bieten, wenn ihr tot seid; dann steht alles fest. Unter einem Fels ist fester Grund. Unter einer Blume ist keiner – die Blume ist unsicher. Ein Windhauch, und schon hat die Blume sich aufgelöst, fallen ihre Blütenblätter ab und verschwinden. Es ist ein Wunder, dass die Blume existiert!

Das Leben ist ein Wunder, schließlich bräuchte es ja nicht zu existieren. Es ist einfach ein Wunder, dass es dich gibt – denn an sich bräuchte es dich nicht zu geben.

Reife stellt sich erst dann ein, wenn man dies akzeptiert – und nicht bloß akzeptiert, sondern sich darüber auch freut. Das Leben ist unsicher, das heißt, das Leben ist frei! Wäre es sicher, wärt ihr festgelegt. Wenn alles sicher ist, gibt es keine Freiheit. Wenn morgen alles feststeht, gibt es zwar Sicherheit, aber man hat keine Freiheit. Dann gleichst du einem Roboter, der bestimmte Dinge erledigen muss, die schon vorherbestimmt sind.

Aber morgen ist deswegen so schön, weil dann völlige Freiheit herrscht. Niemand weiß, was geschehen wird; keiner weiß, ob du dann noch atmest, ob du dann überhaupt noch lebst. Gerade das ist das Schöne, weil alles chaotisch ist, eine Herausforderung ist, und alles nur als Möglichkeit existiert.

Verlangt keinen Trost. Wenn ihr das macht, werdet ihr unsicher bleiben. Akzeptiert die Unsicherheit; dann verschwindet sie, und ihr werdet nicht mehr unsicher sein.

Das ist kein Paradox, sondern die schlichte Wahrheit –

zwar paradox, aber absolut wahr. Bis jetzt habt ihr gelebt, wozu euch also Sorgen über morgen machen. Wenn ihr heute existieren durftet, wenn ihr gestern existieren durftet, braucht ihr euch über morgen keine grauen Haare wachsen zu lassen.

Macht euch keine Gedanken wegen morgen, und bewegt euch frei. Im selben Moment, da man das verstanden hat, entspannt man sich. Aber diese Entspanntheit ist nicht die Sicherheit des Todes, nicht die des Grabes. Diese Entspanntheit hat etwas ungeheuer Chaotisches, ist aber trotzdem Entspannung, weil man nichts weiter erwartet, und daher nicht verspannt ist.

Ein entspanntes Chaos – so sollte der Mensch sein.

Binde erst dein Kamel an

> „Vertraue auf Allah, aber binde erst dein Kamel an."
> (Sufi-Weisheit)

ES GIBT AUF DER WELT ZWEI ARTEN VON MENSCHEN. DER eine meint, immer etwas tun zu müssen. Er denkt: „Selbst ist der Mann". Er hat kein Vertrauen ins Ganze, ins allumfassende Ganze. Er verlässt sich einfach auf sein eigenes Quentchen Energie, und erntet freilich eine Niederlage nach der anderen und muss schließlich scheitern. Wer sich auf sein winziges Quentchen Energie verlässt und es mit dieser unermesslichen Energie um sich her aufnehmen will, der wird zwangsläufig ein Verlierer, Versager sein! Und er wird Höllenqualen erleiden; sein ganzes Leben ist nichts als ein schier endloses Elend.

Die zweite Art von Mensch denkt: „Wenn sich die Existenz ohnehin um alles kümmert, brauche ich keinen Finger zu krümmen. Ich brauche gar nichts zu tun." Er sitzt einfach da und wartet. Er wird immer fauler, und von einem gewissen Punkt an hört er ganz auf zu leben und vegetiert nur noch vor sich hin.

Diese beiden Arten stehen für Osten und Westen. Der Westen steht für den Tatmenschen, den Aktiven, und der Osten steht für den Untätigen, den Passiven. Der Westen macht sich verrückt. Das Problem der Menschen im Westen ist ihre Hyperaktivität ohne Vertrauen, ihre Selbstüberschätzung ... nach dem Motto: „Ich muss alles selber machen! Ich steh allein", als würde die Existenz sich um nichts kümmern. Das macht natürlich Angst, und die Angst wächst einem über den Kopf, wird unerträglich. Alle möglichen Neurosen, Psychosen sind die Folge; es wimmelt von *borderline cases* – angespannten, nervösen Leuten. Das ist mörderisch, das macht verrückt.

Der Westen hat viel geleistet. Er hat kurzerhand sein Vertrauen in die Existenz abgelegt, jede Form von Vertrauen und Hingabe abgelegt, alle Möglichkeiten zu entspannen abgelegt, kann überhaupt nicht mehr loslassen. Er hat völlig vergessen, wie man sich entspannt. Darum leiden die Leute im Westen zunehmend unter Schlaflosigkeit; denn einschlafen zu können, setzt ein gewisses Vertrauen voraus.

Ich kannte einmal einen Mann, der nachts nicht schlafen konnte, seine Nächte durchwachte. Er schlief immer tagsüber und blieb dann nachts wach. Seine Frau bat mich: „Bitt hilf ihm, denn so kann es nicht weitergehen. Weil er tagsüber schläft, kann er nicht arbeiten und die ganze Nacht über bleibt er dann wach – und hält auch uns damit wach, er macht mich noch wahnsinnig!"

Ich ging der Sache nach. Der Mann war ein großer Zweifler, einer, der nicht vertraute. Er teilte mir mit: „Ich kann nachts nicht schlafen, weil dann alle schlafen. Wer kann sich da um mich kümmern, wenn mir etwas zustößt? Tagsüber schlafe ich; denn dann sind die Kinder wach, ist meine Frau wach, sind die Nachbarn wach, ist alle Welt wach. Also wird sich schon irgendwer um mich kümmern, wenn mir etwas passiert. Aber was ist, wenn ich nachts sterbe? Was ist, wenn ich nachts aufhöre zu atmen?"

Er war wahnsinnig. Aber genau daher rührt diese westliche Schlaflosigkeit: Die Leute können nicht einschlafen, weil sie meinen, ihnen könne etwas zustoßen. Alles Einbildung – ihr Körper ist kerngesund, ja, gesünder denn je. Dennoch sitzt ihnen die Vorstellung in den Knochen, alles selbst tun zu müssen. Und das Einschlafen ist kein Tun, sondern geschieht von selbst. Man muss den Schlaf zulassen. Man kann ihn nicht zwingen, das hat man nicht in der Hand. Der Schlaf kommt von selber.

Der Westen versteht einfach nicht mehr, etwas zuzulassen, sich zurückzunehmen; daher fällt es heute so schwer einzuschlafen. Das gilt auch für die Liebe, das gilt auch für den Orgasmus. Das Leben ist dermaßen verspannt und stressig, dass es scheinbar keine Hoffnung mehr gibt. Und so fragt sich der Mensch immer wieder: „Wozu weiterleben? Wieso lebe ich überhaupt?“ Der Westen steht kurz davor, Selbstmord zu begehen. Unaufhörlich steuert er auf den Selbstmord zu.

Der Osten hat es vorgezogen, sich allzu sehr zu entspannen, die Hände einfach in den Schoß zu legen. Er ist ganz faul geworden. Andere sterben, verhungern – doch das stört sie nicht, das kratzt sie nicht, sie vertrauen der Existenz. Sie finden sich mit den scheußlichsten Situationen ab. Nie verändern sie etwas. Sie schlafen gut, und sie strahlen eine gewisse Gelassenheit und Resignation aus. Aber ihr Leben verbringen sie nahezu vegetierend.

Jährlich verhungern im Osten Millionen. Ihnen selbst wie auch allen anderen ist das gleichgültig: „Inshallah! Offenbar will Allah es so!“

Diese Sufi-Weisheit – *„Vertrau auf Allah, aber binde erst dein Kamel an"* – soll eine dritte Art von Mensch hervorbringen, den wirklichen Menschen: einen, der versteht, wann man anpacken muss und wann nicht, der notfalls aktiv werden kann, Ja sagen kann, der aber auch passiv sein und Nein sagen kann, wo es angebracht ist. Einen, der am Tage hellwach ist und in der Nacht schläft, der einzuatmen und auszuatmen versteht, der es versteht, ein ausgewogenes Leben zu führen.

„Vertrau auf Allah, aber binde erst dein Kamel an" – dieses Sprichwort geht auf eine kleine Geschichte zurück …

Ein Sufi-Meister ging einmal auf die Reise und nahm seinen Schüler mit, damit er sich um das Kamel kümmere. Eines Abends, sie waren eben erschöpft in einer Karawanserai abgestiegen, hatte sein Schüler das Kamel, statt es anzupflocken, draußen stehen lassen und Allah gebeten: „Pass du auf unser Kamel auf!" – und schlief ein.

Am Morgen war das Kamel nicht mehr da – gestohlen oder davongewandert, oder was auch immer. Der Meister wollte wissen: „Was ist mit dem Kamel? Wo ist das Kamel?"

Der Schüler sagte: „Weiß ich nicht. Frag Allah, schließlich hatte ich ihn gebeten, auf das Kamel aufzupassen. Ich war so müde und bin auf der Stelle eingeschlafen, also weiß ich es nicht. Es ist aber auch nicht meine Schuld, denn ich hatte es unmissverständlich ihm anvertraut. Und ich habe Allah nicht

nur einmal, sondern dreimal gebeten. Du predigst ständig: ‚Vertraut auf Allah!' Und daran hab ich mich gehalten. Schau mich nicht so böse an!"
Der Meister erwiderte: „Vertrau auf Allah, aber binde erst dein Kamel an – denn Allah hat keine anderen Hände als deine."

Wenn Allah will, dass das Kamel angepflockt wird, braucht er dazu die Hände eines anderen; er selber hat keine Hände. Und es ist dein Kamel! Was ist da naheliegender und einfacher, als es eigenhändig anzupflocken? Verlasst euch auf die Existenz, nicht nur auf eure Hände, sonst bleibt ihr angespannt. Bindet erst das Kamel an und vertraut dann der Existenz. Ihr werdet fragen: „Aber wozu dann der Existenz vertrauen, wenn man das Kamel selber anbindet?" Weil auch ein angepflocktes Kamel gestohlen werden kann.

Tut alles, was ihr tun könnt. Das garantiert zwar nicht das Ergebnis, denn es gibt keine Garantie. Aber tut alles, was ihr tun könnt, und akzeptiert dann alles, was geschieht. Das ist mit dem Anbinden des Kamels gemeint: Tut alles, was in eurer Macht steht, drückt euch nicht vor eurer Verantwortung. Und wenn dann nichts passiert, oder etwas Schlimmes passiert, vertraut der Existenz. Dann hat die Existenz das letzte Wort. Dann sollten wir vielleicht einfach ohne das Kamel weiterziehen.

Es ist sehr leicht, der Existenz zu vertrauen und sich auf die faule Haut zu legen. Der Existenz nicht zu vertrauen und alles selber zu machen, ist auch sehr leicht. Es ist schwer, die dritte Art von Mensch zu sein: der Existenz zu vertrauen und dennoch aktiv zu bleiben. Aber nur so geht ihr der Existenz zur Hand; sie hat das letzte Wort, und ihr seid das Werkzeug in ihrer Hand.

Für wen oder was das Kamel steht, kommt auf den Zusammenhang an. Für irgendwas wird das Kamel stehen, doch der Zusammenhang ändert sich. Jeden Tag kommt es vor, dass ihr etwas tun könntet, habt es aber nicht getan, und dann redet ihr euch ein: „Wenn die Existenz will, dass es geschehen soll, wird sie's schon irgendwie richten."

Oder ihr habt etwas unternommen und wartet nun auf das Ergebnis – das aber ausbleibt. Dann seid ihr eingeschnappt – so als wärt ihr reingelegt worden, als hätte die Existenz euch reingelegt, als hätte sie was gegen euch, wäre parteiisch, voreingenommen, ungerecht. Und schon fangt ihr an, euch bitterlich zu beschweren. Dann ist da nix mehr mit Vertrauen.

Ein religiöser Mensch ist einer, der ständig sein Möglichstes tut, dabei aber entspannt bleibt. Denn wir sind ja nur ganz kleine, winzig kleine Atome in diesem Universum. Alles ist ineinander verwoben. Nichts ist nur auf mein Tun und Lassen angewiesen; es gibt Zigtausende von Energien, die kreuz und quer durcheinander weben und alle zusammen das Ergebnis bestimmen. Wie kann ich das Ergebnis bestimmen? Aber wenn ich mich raushalte, geht's vielleicht erst recht schief. Ich muss also aktiv werden, aber auch lernen, keine Erwartungen zu haben.

Dann ist alles Tun eine Art von Andacht – ohne ein bestimmtes Ergebnis herbeizuwünschen. Dann gibt es auch keine Frustration.

Wer vertraut, ist nicht so leicht zu enttäuschen; und wer sein Kamel anbindet, bleibt lebendig, quicklebendig. „Das Kamel“ ist keine feste Größe; es steht für nichts Bestimmtes. Das richtet sich ganz nach dem Zusammenhang, und der ändert sich ständig.

Aber dies Sprichwort ist eine sehr tiefe Weisheit: Mit ihm wollen die Sufis etwas zur Entstehung der dritten Art von Mensch beitragen.

5. Antworten auf Fragen

Kann man, wenn man nicht erleuchtet ist, in vollkommener Unsicherheit leben, ohne Angst zu haben oder deprimiert und unglücklich zu sein?

IN VOLLKOMMENER UNSICHERHEIT ZU LEBEN BEDEUTET dasselbe wie Erleuchtung. Wer also nicht erleuchtet ist, kann nicht in vollkommener Unsicherheit leben; und wer nicht in vollkommener Unsicherheit leben kann, kann nicht erleuchtet werden. Das ist nicht zweierlei, sondern nur zwei Ausdrucksweisen für ein und dasselbe. Also warte bitte nicht, bis du erleuchtet bist, um in Unsicherheit zu leben – ja? Denn sonst wirst du niemals erleuchtet werden.

Fang jetzt an, in Unsicherheit zu leben – das ist der Weg zur Erleuchtung. Und vergiss die vollkommene Unsicherheit: Beginne dort, wo du jetzt bist. Im Moment kann nichts von dem, was du machst, vollkommen sein; aber irgendwann muss man anfangen. Anfangs wird es dir Angst machen, anfangs wirst du todunglücklich sein – aber nur anfangs. Sobald der Anfang gemacht ist, sobald der überstanden ist, wird kein Unglück mehr da sein, wirst du keine Angst mehr haben.

Man muss den Mechanismus verstehen. Wieso kriegt man Angst, wenn man unsicher ist?

Nicht wegen der Unsicherheit, sondern weil man Sicherheit beansprucht. Deine Angst kommt nicht daher, dass du unsicher bist, sondern dass du Anspruch auf ein sicheres Leben erhebst. Sobald du unsicher lebst und keine Sicherheit beanspruchst, verschwindet deine Angst mitsamt deiner Anspruchshaltung: die erzeugt die Angst.

Das Leben ist von Natur aus unsicher. Die Welt ist für einen Buddha unsicher; für einen Jesus ist sie genauso unsicher. Aber sie haben keine Angst, da sie die Tatsache akzeptiert haben. Sie haben die Reife, sich mit einer Wirklichkeit abzufinden.

So definiere ich Reife und Unreife: Für mich ist jeder unreif, der die Wirklichkeit ständig ablehnt und sie durch Fiktionen und Träume ersetzt. So jemand ist unreif. Reife heißt, sich mit der Wirklichkeit abzufinden, Träume zu verwerfen und die Wirklichkeit so zu akzeptieren, wie sie ist. Buddha ist reif. Er akzeptiert: So ist es.

Zum Beispiel bildet sich ein unreifer Mensch immer ein, dass er selber, obwohl der Tod existiert, nicht sterben werde, mögen alle anderen auch sterben. Ein unreifer Mensch hofft, bis zu seinem Tod habe man irgendetwas, irgendein Unsterblichkeitselixir entdeckt, das ihm den Tod ersparen werde. Ein unreifer Menschen bildet sich immer ein, dass nicht jeder sterben muss. Gewiss, zwar sind schon viele gestorben, aber Ausnahmen kommen überall vor, und er ist überzeugt, eine Ausnahme zu sein.

Wenn jemand stirbt, habt ihr Mitleid und denkt: „Der Ärmste ist gestorben!" Aber darauf, dass sein Tod auch euer Tod ist, kommt ihr nie. Nein, das übergeht ihr.

An so heikle Sachen rührt ihr einfach nicht. Ihr geht stets davon aus, dass ihr schon irgendwie gerettet werdet – durch ein Mantra, einen Guru oder einen Wunderheiler. Irgendetwas wird schon geschehen, und dann seid ihr gerettet. Ihr lebt in Märchen, Ammenmärchen.

Ein reifer Mensch nimmt die Tatsachen so, wie sie sind, und weiß, dass der Tod zum Leben dazugehört und nicht das Ende des Lebens ist, sondern sein Höhepunkt; dass er nicht etwa ein Unfall ist, der dem Leben passiert, sondern etwas, das im Innersten des Lebens keimt, heranwächst und zum Höhepunkt kommt. Also akzeptiert er das, und dann gibt es keine Todesangst mehr. Er akzeptiert, dass es keine Sicherheit geben kann. Man kann eine Fassaden errichten, ein dickes Bankkonto haben, man kann ein Vermögen stiften und sich damit einen Platz im Himmel reservieren, man kann sich auf den Kopf stellen – aber im Grunde weißt du, dass es keine Sicherheit gibt. Die Bank kann dich betrügen, und wer weiß schon, ob man den Priestern trauen kann. Das kann niemand wissen.

Ja, sie schreiben sogar Briefe … In Indien gibt es eine muslimische Sekte, deren Oberpriester Empfehlungsschreiben an Gott mitgibt. Für eine gewisse Summe legt er einem so ein Empfehlungsschreiben ins Grab. Das Geld kriegt der Priester, den Brief kriegst du mit. Denn: wer weiß, wer weiß …

Ein reifer Mensch findet sich mit der Wirklichkeit ab, er akzeptiert sie, wie sie ist. Er fordert nicht, er stellt keine Ansprüche. Er sagt nicht: „So sollte es sein!“ Er schaut sich die Sache an und sagt: „Ja, so ist es.“

Durch seine Anerkennung der Wirklichkeit erspart er sich alles Unglück; denn unglücklich wird er nur, wenn er fordert. Im Grunde verrät Unglück nur, dass man sich gegen die Wirklichkeit sträubt. Und ihr könnt die Wirklichkeit nicht verändern, sondern müsst von der Wirklichkeit verändert werden. Ihr werdet euch fügen müssen. Ihr werdet nachgeben müssen.

Genau das ist mit „sich ergeben" gemeint: dass ihr nachgeben müsst. Die Wirklichkeit kann nicht nachgeben; die Wirklichkeit ist, wie sie ist. Wer nicht nachgibt, muss leiden. Und wer sie immerzu bekämpft, stürzt sich ins Unglück. Das ist, als wolltest du in einem Fluss, der zum Meer will, gegen den Strom schwimmen. Dann empfindest du den Fluss als Gegner. Der Fluss hat nichts gegen dich. Er weiß noch nicht einmal deinen Namen! Er kennt dich überhaupt nicht. Der Fluss will einfach nur das Meer erreichen. Ein Fluss muss von Natur aus die Küste erreichen, um ins Meer zu münden. Und da versuchst du, gegen den Strom zu schwimmen!

Vermutlich sitzen oder stehen dann auch noch irgendwelche Idioten am Ufer, die dich anspornen: „Gut so! Halt durch! Lass dich nicht unterkriegen! Du machst es ganz toll, gib nicht auf! Alle Großen sind gegen den Fluss geschwommen!" Es gibt immer Idioten, die euch gut zureden, die euch anfeuern. Aber kein Alexander, kein Napoleon, kein Großer hat es je geschafft, gegen den Strom zu schwimmen. Früher oder später gewinnt der Fluss. Doch wenn man tot ist, ist die im Leben verpasste Seligkeit unwiederbringlich dahin – die Seligkeit des Loslassens, der

Akzeptanz, des widerstandslosen Verschmelzens mit dem Strom. Auch wenn die Idioten am Ufer rufen werden: „Du Schlappschwanz hast aufgegeben, du bist ein Versager!" Hör nicht hin und genieße die innere Freiheit des Nachgebens. Beachte sie einfach nicht.

Als Buddha seinen Versuch aufgab, gegen den Strom zu schwimmen, sagten alle, die ihn kannten: „Du bist ein Feigling, du hast dich besiegen lassen. Du hast dich geschlagen gegeben."

Hört nicht auf das, was andere sagen. Vertraut eurem inneren Gefühl. Spürt, wie es weitergeht: Wenn es euch gefällt, vom Strom getragen zu werden, macht ihr's richtig. Dann seid ihr im *Tao*. Hört auf niemanden, hört einfach nur auf euer eigenes Herz. Reife akzeptiert alles, was es gibt.

Folgende Anekdote …

Jemand hat einmal einem Moslem, einem Christ und einem Juden die Frage gestellt: „Was würdest du tun, wenn du und dein Land in einer Sturmflut versinken würde?"

Der Christ erwiderte: „Ich würde mich bekreuzigen, die Hand aufs Herz legen und Gott bitten, mich ins Paradies aufzunehmen."

Der Moslem erwiderte: „Ich würde mich dem Willen Allahs beugen und sagen: „Dies ist mein Kismet, mein Schicksal – und untergehen."

Der Jude erwiderte: „Ich würde Gott danken und seinen Willen akzeptieren und lernen, unter Wasser zu leben."

Genauso geht es: Man muss den Willen der Existenz, den Willen des Ganzen annehmen – und lernen, damit zu leben. Das ist die ganze Kunst. Ein reifer Mensch akzeptiert die Lage, fordert nicht, redet auch nicht vom Himmel, wie der Christ, der Gott bittet ihn ins Paradies zu lassen. Er gibt aber auch nicht einfach nur wie der Moslem pessimistisch auf und ertrinkt. Der Jude akzeptiert nicht nur, sondern heißt es sogar willkommen und sagt: „Wenn er es so will! Aber jetzt muss ich schleunigst lernen, unter Wasser zu leben. Gottes Wille geschehe."

Akzeptiert die Wirklichkeit so, wie sie ist, und lernt mit ihr zu leben – mit einem nachgiebigen Herzen, mit einem ergebenen Ego.

Was ist der Unterschied zwischen Vertrauen und Naivität?

ZWISCHEN VERTRAUEN UND NAIVITÄT IST EIN RIESIGER Unterschied, auch wenn der Trennstrich kaum zu erkennen ist. Der Naive ist dumm. Und es gibt nichts Intelligenteres als zu vertrauen. Achtet vor allem auf Folgendes: Beide sind leicht zu hintergehen, leicht zu betrügen, aber nur der Naive wird sich hintergangen, betrogen fühlen – und von jetzt an aus Rache jedem misstrauen. Seine Naivität schlägt früher oder später in Misstrauen um.

Doch wer vertraut, wird zwar auch hintergangen, betrogen – fühlt sich aber nicht verletzt. Er wird Mitleid haben mit denen, die ihn hintergangen und betrogen haben, aber weiterhin vertrauen. Jetzt vertraut er erst recht, trotz aller Enttäuschungen. Jedenfalls schlägt sein Vertrauen auf keinen Fall in Misstrauen gegen alle Menschen um.

So könnt ihr beides unterscheiden. Anfangs erscheint beides sehr ähnlich. Aber letztlich schlägt Naivität in Misstrauen um, während Vertrauen immer mehr zunimmt, immer mehr Mitgefühl und Verständnis für die Schwächen und Gebrechen der Menschen aufbringt.

Wer Vertrauen hat, weiß das so zu schätzen, dass er bereitwillig alles dafür aufs Spiel setzt – nur nicht sein Vertrauen.

Wenn ich vertraue, passieren nur schöne Dinge. Wenn Zweifel aufkommen, tut mir das weh. Ich brauche tatsächlich einfach nur zu vertrauen, um mich leicht und heiter zu fühlen. Wieso zweifle ich dann überhaupt noch?

DAS IST EINE DER ENTSCHEIDENDSTEN FRAGEN IM LEBEN. Mit deiner Frage willst du nicht nur etwas über Vertrauen und Zweifel wissen. Die Frage entspringt der Dualität des Verstandes und betrifft auch Liebe und Hass, Körper und Seele, Diesseits und Jenseits …

Unser Verstand kann das Eine nicht erkennen. Der Verstand muss die Wirklichkeit zwangsläufig in polare Gegensätze unterteilen, dabei ist die Wirklichkeit, statt gespalten und zersplittert zu sein, aus einem Guss. Sie ist kein *Multi*versum, sondern ein *Uni*versum.

Die Existenz ist eine organische Einheit. Aber unser Verstand funktioniert wie ein Prisma, er teilt auf … Wenn du einen Lichtstrahl auf ein Prisma richtest, wird er sich sofort in sieben Farben zerteilen. Bevor sein Lichtstrahl durch das Prisma ging, war er einfach nur weiß – danach zerteilte er sich in sämtliche Farben des Regenbogens. Der Verstand spaltet die Wirklichkeit. Dabei bilden beide Seiten immer ein Ganzes, denn sie gehören unteilbar zusammen. Die Spaltung existiert nur im Verstand, nur in eurem Denken.

Du bittest mich, etwas mehr über Vertrauen zu sagen: *„Wenn ich vertraue, passieren nur schöne Dinge …"* Dein Vertrauen ist ja nur der Gegenpol zum Zweifel, also gehört der Zweifel nun mal dazu.

Dein Vertrauen ist nur ein Medikament gegen den Zweifel. Wäre kein Zweifel mehr da, gäbe es auch kein Vertrauen mehr. Wozu bräuchtest du es dann auch noch? Wenn kein Zweifel da ist, ist auch kein Vertrauen da.

Und du hast Angst, dein Vertrauen zu verlieren, also klammerst du dich an es. Indem du dein Vertrauen festhältst, klammerst du dich wohlgemerkt auch an deinen Zweifel. Du kannst wohl beides haben, aber nicht nur eines von beiden. Also musst du entweder beides aufgeben oder beides behalten; sie gehören zusammen, wie die zwei Seiten einer Münze. Die andere Seite gehört dazu – sie ist nun mal da. Du magst zwar nicht hinsehen, aber das spielt keine Rolle: Denn irgendwann wirst du es müssen.

Noch etwas zum Verstand ... Ihm wird nämlich alles schnell langweilig! Wenn du also vertraust, hat er das bald satt. Das ist zwar schön, aber nur anfangs. Bald muss etwas Neues, etwas anderes her ... Abwechslung halt! Dann beginnt er zu zweifeln, und da das wehtut, vertraust du lieber wieder. Und wenn ihm das langweilig wird, dann musst du dich halt wieder aufs Zweifeln einlassen. So geht es ständig hin und her, wie das Pendel einer Standuhr: rechts, links, rechts, links ... und so weiter und so fort.

Mach dir bitte klar, dass es noch ein vollkommen anderes Vertrauen gibt als das, was du bisher unter Vertrauen verstanden hast. Von diesem Vertrauen ist hier die Rede. Der Unterschied ist aber deswegen so schwer zu erkennen, weil es für beides nur ein Wort gibt. Ich muss mich in eurer Sprache ausdrücken. Ich kann mir keine neue Sprache ausdenken – denn das wäre zwecklos, da ihr mich dann nicht verstehen könntet. Aber eure Sprache kann ich auch nicht benutzen, da das genauso zwecklos wäre: Denn eure Sprache würde meiner Erfahrung nicht gerecht – die sich ihr entzieht. Also muss ich ein Mittelding finden: Ich muss eure Sprache, eure Wörter benutzen, aber mit neuen Bedeutungen.

Dieser Kompromiss ist die einzige Möglichkeit. Alle Buddhas mussten sich damit begnügen. Ich benutze eure Wörter mit meinen Bedeutungen. Hört also ganz genau hin: Wenn ich von Vertrauen spreche, ist etwas völlig anderes gemeint als was ihr darunter versteht.

Wenn ich Vertrauen sage, meine ich die Abwesenheit der Dualität von Zweifel und Vertrauen. Und wenn ich Liebe sage, meine ich damit die Abwesenheit der Dualität von Liebe und Hass.

Wenn ihr „Vertrauen" sagt, meint ihr das Gegenteil von Zweifel; wenn ihr „Liebe" sagt, meint ihr das Gegenteil von Hass. Aber damit geht ihr der Dualität auf den Leim. Und dann seid ihr wie gelähmt; dann werdet ihr zwischen den beiden Seiten aufgerieben ... Kein Wunder, wenn euch euer ganzes Leben zur Qual wird.

Du weißt, wie schön Vertrauen ist, aber dann beginnst du zu zweifeln, denn dein Vertrauen hat den Zweifel noch nicht hinter sich gelassen. Dein Vertrauen ist nur sein Gegenteil, steht aber noch nicht über ihm. Mein Vertrauen steht über ihm, hat ihn hinter sich. Aber denk daran: Um ihn hinter dir zu lassen, musst du beides hinter dir lassen. Du kannst nicht wählen. Wenn du vertraust, entscheidest du dich gegen den Zweifel; wenn ich vertraue, beruht das auf einer Bewusstheit, die nichts mehr zu entscheiden braucht. Im Grunde dürfte ich das Wort Vertrauen gar nicht benutzen; es verwirrt nur. Aber was soll ich machen? Was sollte ich stattdessen sagen? Alle Wörter würden euch verwirren.

Im Grunde sollte ich den Mund halten. Aber dann würdet ihr mein Schweigen auch nicht verstehen. Ich spreche, um euch zum Schweigen zu verhelfen. Meine Botschaft kann nur schweigend vermittelt werden. Nur schweigend – die Kommunion. Die aber wird nur möglich, indem ich mit euch kommuniziere, euch dazu überrede. Das geht aber nur mit euren Wörtern. Nur vergesst bitte auf keinen Fall, dass ich zwar eure Sprache spreche, ihr aber meine eigene Bedeutung gebe – achtet bitte darauf.

Lasst Zweifel und Vertrauen hinter euch, und ihr werdet merken, dass Vertrauen einen ganz neuen Geschmack haben kann – ohne eine Spur von Zweifel, absolut unschuldig. Lasst beides hinter euch, damit nur noch ihr übrig bleibt, nur euer Bewusstsein, ohne allen Inhalt. Um nichts anderes geht es bei der Meditation: Vertrauen ist Meditation.

Unterdrücke deinen Zweifel nicht. Das aber machst du ständig. Wenn du hörst, wie schön, wie wunderbar das Vertrauen ist, weckt das in dir eine tiefe Sehnsucht, ein tiefer Wunsch, ja geradezu eine Sucht danach, auch vertrauen zu können. Und dann beginnst du, deinen Zweifel zu unterdrücken, deinen Zweifel ins dunkelste Unbewusste zu verbannen, damit er dir nicht in die Quere kommt. Aber er ist da. Und je tiefer er sitzt, desto gefährlicher ist er, denn jetzt kann er dich aus dem Hintergrund manipulieren.

Du wirst ihn nicht sehen können, aber er wird die Fäden deines Lebens in der Hand haben. Im Unbewussten hat dein Zweifel viel mehr Macht als im Bewussten.

Daher sage ich: Es ist besser, ein Zweifler zu sein, es ist besser, ein Skeptiker zu sein als ein Gläubiger – und ohne es zu wissen, unbewusst ein Zweifler zu bleiben.

Alle Gläubigen zweifeln; daher haben sie eine solche Angst, ihr Vertrauen zu verlieren. Ihr Vertrauen ist dürftig, ihr Vertrauen ist impotent. Die Hindus wollen nicht die heiligen Schriften der Buddhisten lesen, die Buddhisten wollen nicht die heiligen Schriften der Christen lesen, die Christen wollen nicht die heiligen Schriften anderer Religionen lesen. Der Atheist hat Angst vor dem, was der Mystiker sagt, der Gläubige hat Angst vor dem, was der Atheist sagt. Woher kommt all diese Angst? Nicht vom anderen, sondern aus dem eigenen Unbewussten. Das ist offensichtlich – wer könnte das übersehen? Ihr würdet es gern vergessen, aber das geht nicht – es ist da!

Unterschwellig spürt ihr ständig, wie der Zweifel in euch rumort, und jeder kann ihn provozieren. Er mag zwar nur latent sein, kann aber jederzeit ausbrechen; also hört man besser weg, wenn der eigene Glaube kritisiert wird. Alle Gläubigen leben mit geschlossenen Augen und Ohren und verschlossenem Herzen – gezwungenermaßen, denn kaum machen sie die Augen auf, kommt die Angst. Wer weiß, was sie zu sehen bekommen? Was, wenn es ihren Glauben erschüttert?! Sie können nicht zuhören ... das Risiko ist zu groß, dass irgendetwas in ihr Unbewusstes eindringen und es aufwühlen könnte. Sie haben so schon Mühe genug, es im Zaum zu halten. Doch dieser unterdrückte Zweifel, dieser verdrängte Zweifel wird sich das nicht ewig gefallen lassen und sich irgendwann rächen. Er wartet nur auf eine günstige Gelegenheit dazu. Und seine Macht in euch wächst ständig. Bald wird er eure bewussten Glaubensbekenntnisse abschütteln. Darum kann man Hindus ohne weiters zu Moslems bekehren, Moslems zu Christen, Christen zu Hindus – das geht ganz einfach.

Vor der russischen Revolution, erst vor sechzig Jahren, war ganz Russland religiös – ja, es war sogar eines der religiösesten Länder überhaupt. Was also ist passiert? Nur die Revolution! Die Kommunisten kamen an die Macht, und binnen zehn Jahren war all diese Religiosität verflogen. Alle wurden atheistisch, weil man ihnen in den Schulen, Berufsschulen und Universitäten, kurz überall beigebracht hatte, dass es keinen Gott gab, dass es keine Seele gab.

Früher hatten sie an Gott geglaubt, jetzt war es angesagt, an keinen Gott zu glauben! Folglich glaubten sie nach wie vor. Früher durften sie nicht zweifeln, jetzt dürfen sie nicht vertrauen. Früher oder später wird Russland wieder eine Revolution durchmachen – dann gewinnt das Vertrauen wieder die Oberhand und der Zweifel wird wieder ins Unbewusste verdrängt. Aber es ist gehupft wie gesprungen: Ihr dreht euch immer im Kreis.

Die Inder halten sich für ein großes religiöses Volk. Von wegen! Ihre sogenannte Religion ist nichts als unterdrückter Zweifel. Und in anderen Ländern ist es genauso. So kommt keine innere Verwandlung zustande – Revolution hat nichts mit Verdrängung im Sinn, sondern mit

Erkenntnis: Versucht zu verstehen, warum ihr zweifelt und warum ihr vertraut. Versucht, euer Nein zu verstehen; versucht, euer Ja zu verstehen … und ihr werdet erkennen, dass beides zusammenhängt. Beides ist nicht zu trennen.

Welche Bedeutung kann Ja haben, wenn in keiner Sprache mehr das Wort Nein vorkommt? Welche Bedeutung kann Nein haben, wenn ihr noch nie etwas vom Ja gehört habt? Beide hängen zusammen, sind verheiratet. Sie können nicht geschieden, wohl aber transzendiert werden. Weder ist eine Scheidung nötig, noch muss man sie trennen. Versucht nicht das Unmögliche. Lasst beides hinter euch. Beobachtet beides nur.

Dies ist mein Vorschlag: Passt auf, wenn der Zweifel aufsteigt, identifiziert euch nicht mit ihm. Lasst euch nicht stören; ihr braucht euch nicht stören zu lassen. Registriert den Zweifel einfach nur – schaut einfach nur zu. Und sollte sich das Vertrauen regen, wird es schwerer sein, es zu beobachten, denn dann sagt ihr: „Oh wie schön, ich vertraue, das macht mich ganz glücklich, das fühlt sich einfach toll an!" Ihr werdet darauf abfahren und wünschen, dass es immer so bleibt. Alle sollen wissen, dass man auf dich bauen kann, dass du zuversichtlich bist.

So aber kommt man nie aus dem Teufelskreis heraus. Ihr müsst auch euer Vertrauen beobachten. Und je tiefer ihr schaut … ihr werdet staunen: Wenn ihr eurem Zweifel ganz auf den Grund gegangen seid, erkennt ihr, dass euer Vertrauen ja nur seine Kehrseite ist – als ob die Münze durchsichtig geworden wäre und ihr beides nebeneinander sähet.

Dann beschert euch die Beobachtung eures Vertrauens die Erkenntnis, dass der Zweifel nur sein Gegenteil ist. Das wird eine große Offenbarung sein: Sobald ihr erkennt, dass euer Zweifel zugleich auch Vertrauen ist und euer Vertrauen zugleich auch Zweifel ist, seid ihr von beidem befreit.

Plötzlich seid ihr transzendiert! Jetzt seid ihr von beidem befreit, ist eure Knechtschaft vorbei, seid ihr nicht mehr in der Gewalt der Dualität, und wenn die Dualität keine Gewalt mehr über euch hat, seid ihr den Verstand los – der Verstand bleibt weit hinter euch zurück. Jetzt seid ihr nur noch ein reines Bewusstsein. Und wer ein reines Bewusstsein erfährt, der lernt auch die wahre Schönheit, den wahren Segen, die wahre Seligkeit kennen. Wenn ihr diesen Zustand „Vertrauen“ nennen wollt, dann werdet ihr meine Sprache verstehen.

Ich nenne denjenigen Zustand Vertrauen, der keinen Zweifel mehr kennt, nicht einmal seinen Schatten. Freilich wäre kein Linguist mit der Art und Weise einverstanden, wie ich mit Sprache umgehe. Aber das ist nichts Neues.

Alle Mystiker haben euch etwas zu sagen, das gar nicht gesagt werden kann. Und alle Mystiker haben euch etwas mitzuteilen, das gar nicht mitgeteilt werden kann.

Das ist ja gerade ihr Problem: Was sollen sie tun? Sie haben euch etwas zu geben – und zwar in einer solchen Überfülle, dass sie es mit anderen teilen möchten – ja müssen. Sie müssen es einfach weitergeben – es ist unvermeidlich. So wie eine Wolke voller Regenwasser: Sie kann gar nicht anders als sich auszuregnen, sich zu entleeren. Oder wie eine Blume voller Duft: Sie kann gar nicht anders, als ihren Duft in alle Winde zu verströmen. Oder wie eine Lampe in finsterer Nacht: Ihr Licht kann gar nicht anders, als die Finsternis zu vertreiben.

Jeder Erleuchtete wird zu einer Wolke voller Regenwasser. Buddha sagte von einem Erleuchteten „Er hat das *Meghasamadhi* erlangt“ – *Megha* bedeutet „Wolke“, *Samadhi* bedeutet „höchstes Bewusstsein“ – „Er ist zu einer Wolke des höchsten Bewusstseins geworden.“

Warum benutzt er das Wort „Wolke“? Weil er gar nicht anders kann, als sich auszuregnen. Ein Erleuchteter wird zur Blume, die sich geöffnet hat. Die Mystiker des Ostens nennen das endgültige Aufblühen eures Herzens, eures Seins, eures Bewusstseins, *Sahasrar* – tausendblättriger Lotus. Wie kann dieser tausendblättrige Lotus umhin, seinen Duft zu verströmen, wenn er aufblüht? Das geschieht ganz von selbst: Unbeabsichtigt verbreitet er sich in alle Winde.

Ein Buddha ist ein Mensch, dessen Herz voller Licht ist; ein Buddha ist einer, der zur Flamme geworden ist – zu einer ewigen Flamme, die niemals verlöscht. Jetzt vertreibt sie das Dunkel zwangsläufig. Das Problem ist nur: Wie die Botschaft mitteilen? Eure Sprache beruht auf Dualität; seine Erfahrung jedoch beruht auf dem Einssein. Ihr lebt auf der Erde, er im Himmel. So riesig die Entfernung auch ist, sie muss überbrückt werden. Und da ihr sie nicht überbrücken könnt, kann nur ein Buddha sie überbrücken. Was wisst ihr schon vom Himmel? Was wisst ihr schon von seiner unaussprechlichen Erfahrung, seiner überirdischen Erfahrung?

Er aber kennt beides. Er kennt eure Finsternis, weil er selbst in ihr gelebt hat. Er kennt euer Elend, weil er es selber erlitten hat – jetzt aber weiß, wie beseligend die höchste Vollendung ist. Jetzt weiß er, was es heißt, göttlich zu sein. Nur er kann die Brücke schlagen, nur er kann ein paar Verbindungen zwischen euch und ihm anknüpfen.

Sprache ist das Einzige, was der Mensch mit einem Buddha gemein hat. Sprache ist letztlich das Wesensmerkmal des Menschen; alle anderen Lebewesen haben keine Sprache. Der Mensch ist nur aufgrund seiner Sprache ein Mensch. Folglich führt kein Weg um die Sprache herum, kommt man gar nicht umhin, sie zu benutzen – allerdings muss man sich dabei immer vor Augen halten, dass man sie aufgeben muss, und zwar je früher, desto besser.

Gebt den Zweifel wie das Vertrauen auf, den Glauben wie den Unglauben, die Skepsis wie die Zuversicht – gebt immer beide auf! Und dann werdet ihr sehen, wie sich in euch ein neues Vertrauen einstellt ... anders als das alte Vertrauen, da es keinen Zweifel enthält –, sondern ein Vertrauen in einem nie gekannten Sinne, von einer absolut neuen Zusammensetzung.

Davon spreche ich hier, das nenne ich Vertrauen: ein Vertrauen jenseits von Zweifel und eurem Vertrauen, jenseits von beidem, von allem, was ihr je gekannt habt.

Es gibt ein Licht, das weder eure Dunkelheit noch euer Licht ist, und es gibt ein Bewusstsein, das weder euer Unbewusstes noch euer Bewusstes ist.

Das Bewusste und das Unbewusste von Sigmund Freud und Carl Gustav Jung sind Teil eures Verstandes. Wenn Buddha von Bewusstsein spricht, meint er etwas ganz anderes als Freud und Jung – sein Bewusstsein ist „der Zeuge“, das beobachtende Bewusstsein, welches über Freuds Bewusstem und Freuds Unbewusstem steht.

Lernt, mehr zu einem Zeugen zu werden, werdet immer achtsamer. Registriert all euer Tun und Lassen, jeden Gedanken – ohne euch zu identifizieren; bleibt auf Abstand, abseits, steht über allem, wie ein Späher auf den Bergen. Dann werdet ihr eines Tages in ewiger Seligkeit baden.

Ist es nicht schädlich - für den Einzelnen wie für die Gesellschaft -, die Schranken der Normen zu missachten? Wenn ja, warum predigst du dann, dass die Leute einfach so leben sollten, wie sie wollen? Der Verstand dreht doch immer durch, wenn er nicht gezügelt wird.

UND WER SOLL DEN VERSTAND ZÜGELN? ETWA „DER HERren eigener Geist"? Der Geist der Toten, der toten Moralisten, der toten Priester? Wer soll den Geist zügeln? Du etwa? Wer bist du, wenn nicht dein Geist?

Als Erstes gilt es Folgendes zu verstehen: Auf der Menschheit liegt seit eh und je ein Fluch. Und zwar der Fluch, dass man uns niemals erlaubt hat, unserer Natur zu vertrauen. Man hat uns immer erzählt: „Vertrau deiner Natur, und du gerätst auf den Holzweg." Misstrauen, Selbstbeherrschung, Kontrolle – nur nicht auf eure Gefühle hören! Man hat uns immer erzählt, dass die menschliche Natur grundsätzlich böse ist.

Das ist blöde, das ist idiotisch und giftig. Die menschliche Natur ist nicht böse; die menschliche Natur ist göttlich. Und wenn überall das Böse überhand nimmt, dann nur aufgrund der Verbote. Nun, dies bedarf einer Erklärung ...

Hat man je gesehen, dass Tiere Krieg führen? Natürlich gibt es manchmal Streit, aber das sind Einzelkämpfe – keine Weltkriege, in denen alle Krähen des Orients gegen alle Krähen des Westens kämpfen, oder alle Hunde von Indien gegen alle Hunde von Pakistan. Nicht einmal Hunde sind so bescheuert, und Krähen genauso wenig!

Ja, manchmal streiten sie sich, aber daran ist nichts verkehrt. Sie kämpfen, wenn ihre Freiheit verletzt wird. Sie kämpfen, aber das ist ein Einzelkampf und kein Weltkrieg. Was habt ihr euch eigentlich dabei gedacht, als ihr die Menschen unterdrückt habt und niemandem erlaubt habt, ab und zu mal wütend zu werden – was ganz natürlich ist! Und was ist dabei herausgekommen? Alle hocken so lange auf ihrer Wut, verdrängen ihre Wut – bis sie so voller Gift sind, dass es sich in einem Weltkrieg entlädt. Alle zehn Jahre wurde ein Krieg nötig. Und wer ist schuld an diesen Kriegen? Eure sogenannten Heiligen und Moralisten, die Gutmenschen – genau die Leute, die euch nie erlaubt haben, natürlich zu sein.

Habt ihr je gesehen, dass ein Hund einen anderen Hund umbringt? Gewiss, bisweilen streiten sie sich – aber mehr nicht. Nie hat ein Hund einen anderen Hund getötet – es sei denn, er ist dazu abgerichtet worden. Der Mensch ist das einzige Tier, das seinesgleichen tötet. Keine Krähe tötet andere Krähen, kein Löwe tötet andere Löwen.

Der Mensch ist die einzige Spezies, die sich regelmäßig gegenseitig ausrottet. Was ist bloß los mit dem Menschen? Ist er tiefer gefallen als die Tiere? Wer ist also verantwortlich? Eines haben Tiere nicht: Sie haben keine Heiligen, Moralisten, Priester – weder christliche noch hinduistische und muslimische und jainistische. Sie haben keine Tempel, Moscheen, Kirchen; keine Bibeln und Veden. Das muss es sein! Das ist der einzige Unterschied.

Es gibt immer noch ein paar primitive Stämme, bei denen seit Urzeiten kein einziger Mord passiert ist – weil niemand ihnen den Kopf mit Moral verdreht hat, niemand sie Mores gelehrt hat. Es sind natürliche Menschen. Wer natürlich ist, lebt harmonisch. Manchmal platzt ihm zwar der Kragen, aber das ist natürlich – und schnell vorbei.

Wer nie wütend wird und ständig die Zähne zusammenbeißt, ist höchst gefährlich. Hütet euch vor ihm, er kann euch umbringen! Wenn dein Mann nie wütend wird, zeig ihn an! Ein Ehemann, der manchmal wütend wird, ist ein natürlicher Mensch, vor dem sich niemand zu fürchten braucht. Ein Ehemann, der nie wütend wird, wird euch eines Tages plötzlich anspringen und würgen und sich wie ein Besessener gebärden. Seit jeher geben Mörder zu Protokoll: „Wir haben den Mord begangen, aber wir waren besessen." Wer hat sie besessen? Ihr eigenes Unbewusstes – verdrängtes Unbewusstes – ist explodiert!

Ist euch je eine einfache Tatsache aufgefallen? Besorgt euch mal das Foto einer hübschen Hündin und zeigt es einem Rüden. Er wird nichts damit anfangen können. Rüden sind keine Playboys. Nicht, dass sie keine Hündinnen mögen ... durchaus! Aber ein Foto, Pornografie lässt sie kalt ... Schließlich gäbe es keine Pornografie, wenn es keine Heiligen gäbe. Erst muss man den Geschlechtstrieb verdrängen und den Leuten einreden, dass er pervers und böse ist.

Sobald dies geschehen ist, entlädt sich der Geschlechtstrieb über Umwege. Was tut man, wenn man auf der Straße keiner schönen Frau mehr hinterherschauen darf? Man verschließt die Tür und liest den *Playboy*. Da ist man sicher, das merkt keiner. Oder man kann seinen *Playboy* in der Bibel verstecken und so tun, als wäre man bibelfest. Nur der Mensch ist pornografisch. Kein anderes Tier ist pornografisch. So ist es einfach. Wer hat den Menschen pornografisch gemacht? Urvölker haben kein Interesse an Pornografie – bis jetzt jedenfalls. Ihre Frauen laufen völlig unbefangen nackt durch die Straßen. Was soll das eigentlich für eine „Zivilisation" sein, in der ihr angeblich lebt? Kaum eine Frau kann durch die Straßen laufen, ohne dass ihr einer in den Hintern kneift oder sie blöd angemacht wird. Keine Frau wagt sich nachts allein auf die Straße – und das nennt ihr Zivilisation? In der alle Leute rund um die Uhr nur von Sex besessen sind …

Wem verdanken die Menschen diese Besessenheit? Auch Tiere sind sexuell, aber nicht besessen; sie sind natürlich. Wenn der Sex zur Besessenheit wird, nimmt er perverse Formen an. Und diese perversen Formen sind in den Moralisten und ihren Lehren verwurzelt.

Die sogenannten religiösen Leute haben der menschlichen Natur nie über den Weg getraut. Sie reden von Vertrauen, aber haben nie auf die Existenz vertraut.

Sie vertrauen auf Vorschriften, Gesetze; aber auf die Liebe vertrauen sie niemals. Sie reden von Gott, aber das ist nur leeres Gerede. Sie vertrauen auf die Polizei, auf die Gerichte. Sie vertrauen aufs Höllenfeuer. Sie vertrauen darauf, den Leuten Angst zu machen und ihre Gier zu schüren. Wer fromm und brav und moralisch ist, der kommt in den Himmel und kann alle Freuden des Paradieses genießen – ein Wort, das vom persischen *Firdaus* abstammt. Wer aber unmoralisch ist, kommt in die Hölle und muss in ihrem Feuer schmoren – wohlgemerkt bis in alle Ewigkeit ... Dies nennt sich „Angst- und-Gier-Taktik". Der Kopf des Menschen wird seit eh und je mithilfe von Angst und Gier manipuliert. Genau davon will man euch angeblich befreien – dabei basiert darauf ihre ganze Lehre. Sie haben kein Vertrauen.

Ich vertraue euch und ich vertraue eurer Natur. Ich vertraue allen natürlichen Lebewesen. Wenn die Natur sich frei entfalten dürfte, würde man gelegentlich zwar aneinandergeraten, aber das ist harmlos. Das ist menschlich und völlig in Ordnung. Aber es gäbe keine Kriege. Die Psychologen sagen, dass all eure Waffen „phallisch" sind. Weil ihr nicht in den weiblichen Körper eindringen durftet, durchbohrt ihr irgendwen mit dem Schwert. Das Schwert ist ein phallisches Symbol. Es ist wunderschön, eine Frau zu lieben, aber jemandem ein Schwert durch den Körper zu stoßen ist widerwärtig. Aber so hat man's bisher gemacht.

Du fragst mich: *Ist es nicht schädlich – für den Einzelnen wie für die Gesellschaft –, die Schranken der Normen zu missachten?*

Ihr haltet euch seit eh und je an Schranken und Normen. Und die Folgen? Seht euch die heutige Welt an: Unsere Erde ist völlig neurotisch, die reinste Klapsmühle. Das habt ihr nur euren Normen zu verdanken – eurem Idealismus, Perfektionismus und eurer Moral. Das ist die Folge von all euren Geboten. Die ganze Erde ist heute zu einem neurotischen Lazarett, einem riesigen Irrenhaus geworden. Ihr habt nach wie vor Angst und wollt trotzdem so weitermachen. Dies ist ein Teufelskreis.

Das ist als würde man jemanden zum Fasten zwingen und dann wird er natürlich hungrig und sucht wie verrückt nach etwas zu essen. Dann wird er als Fresssüchtiger in eine Zwangsjacke gesteckt, damit er nicht in jemandes Küche einbricht. Gerechtfertigt wird das damit, dass er gefährlich sei, auf ihn kein Verlass sei. Also bleibt er gefesselt und muss weiter fasten. Dann hat man wirklich Grund ihn zu fürchten, da er wahnsinnig wird. Es ist ein Teufelskreis.

Wo kommt seine Fresssucht denn her? Er ist doch nur deswegen übergeschnappt, weil er zum Fasten gezwungen wurde. Fasten ist nicht natürlich. Zwar fasten Tiere gelegentlich, aber nicht aus Prinzip, nicht weil sie davon überzeugt sind, dass man fasten müsse. Es kommt vor ... Irgendwann fühlt sich der Hund unwohl und will nichts fressen. Er hat einfach keinen Appetit, es ist keine Absicht. Niemand hat ihn angehalten zu fasten. Stattdessen frisst er Gras, um erbrechen zu können, da hilft das Gras. Und er wird erst wieder fressen, wenn er Appetit hat. Er hält sich an die Natur. Wenn er Hunger hat, frisst er, wenn er keinen hat, frisst er nicht. Dies nenne ich „das wahre Leben“.

Wenn euch manchmal nicht nach Essen zumute ist, dann lasst es. Ich bin nicht gegen das Fasten. Ich bin gegen das Fasten als Weltanschauung. Nehmt euch nicht vor, jeden Sonntag zu fasten! Das ist töricht, denn woher wollt ihr wissen, dass ihr sonntags nichts essen wollt? Manchmal wollt ihr schon am Freitag nichts essen. Was dann? Dann werdet ihr euch zwingen zu essen, weil es erst Freitag ist. Esst, wenn ihr Appetit habt, und wenn ihr keinen Appetit habt, lasst es bleiben. Richtet euch nach eurem Gefühl, und dann stimmt ihr irgendwann mit eurer Natur überein. Für mich ist es religiös, mit der Natur übereinzustimmen. Das ist meine Definition von „Religion“: Mit der Natur übereinzustimmen. Und genau das ist die Bedeutung des indischen Wortes *Dharma* – es bedeutet „Natur, unangetastete Natur“. Vertraut der Natur und verletzt sie nicht. Euch aber hat man gelehrt, sie zu verletzen.

Wenn Menschen, die ihr Leben lang ausgehungert wurden, zum ersten Mal hierherkommen – wo alles so vollkommen anders ist, wo ihnen alles vollkommen neu ist! Noch nie hat es einen Ashram wie diesen gegeben –, dann sind sie geradezu überwältigt. Sie erwarten lange Gesichter, lebende Tote, die es mit Mühe und Not noch schaffen Mantras zu singen, Bücher zu lesen … Und wenn sie dann sehen, wie alle tanzen, Männer und Frauen miteinander tanzen, Händchen halten und sich umarmen – lauter Menschen voller Liebe und Freude, sagen sie: „Was ist denn das für eine Religion?

Religion muss friedhofsmäßig sein, nichts darf lebendig sein! Religion hat das Leben zu verneinen. Männer und Frauen, die Händchen halten?! Wo soll das hinführen! Wieso dürfen Männer und Frauen zusammen sein? Das ist doch gefährlich, da wird mit dem Feuer gespielt. Hier müssen Verbote her, Chinesische Mauern!“

Nein, ich traue der Natur. Euren Gesetzen traue ich nicht. Eure Gesetze haben die ganze Menschheit zugrunde gerichtet. Schluss damit! Damit ist es vorbei. Es wird Zeit, eure alten, morschen Religionen allesamt ins Feuer zu werfen, um Platz zu machen für eine vollkommen neue

Vorstellung von Religion – eine lebensbejahende, eine Religion, der Liebe und keine des Gesetzes, eine Religion der Natur und nicht der Disziplin, eine Religion der Ganzheit und nicht der Perfektion, eine Religion des Gefühls und nicht des Denkens. Das Herz muss den Ton angeben, und dann fügt sich alles von selber.

Wer der Natur trauen kann, der wird immer ruhiger, stiller, zufriedener, heiterer, ausgelassener – und beginnt zu feiern. Die Natur ist ein Freudenfest. Du brauchst dich nur umzuschauen: Siehst du irgendwo eine Blume, die deinen Heiligen ähnelt? Siehst du irgendwo einen Regenbogen, der deinen Heiligen ähnelt? – oder eine Wolke oder einen singenden Vogel oder das Licht, das auf dem Fluss funkelt, oder die Sterne? Die Welt feiert! Die Welt ist nicht traurig. Die Welt ist ein Lied, ein hinreißend schönes Lied, und ihr Tanz endet nie.

Reih dich ein in diesen Tanz und trau deiner Natur! Wer seiner Natur traut, der nähert sich der kosmischen Natur zusehends. Anders geht es gar nicht. Du gehörst dem Kosmischen an: Wenn du dir selbst vertraust, vertraust du damit dem Kosmischen in dir – das ist dein Weg. Anhand dieses feinen Fadens gelangst du ans Ziel. Indem du dir selber vertraust, vertraust du auch der Existenz – die dich erschaffen hat.

Wenn du dir selbst misstraust, misstraust du auch der Existenz, die dich erschaffen hat. Wem verdankst du den Sex? Natürlich der Existenz. Und wer hat dich angehalten, keusch und enthaltsam zu sein? Deine sogenannten Heiligen. Deine Heiligen sind Gegner der Existenz.

Wem verdankst du den Hunger? Der Existenz. Und wer hat dich angehalten zu fasten? Deine Heiligen.

Ich bin für das Leben und gegen eure Heiligen, weil eure Heiligen gegen die Existenz sind. Ich lehre euch natürlich zu sein, spontan zu sein. Und weder bringe ich euch bei, euch zu unterdrücken, noch erlege ich euch Schranken, Verbote auf. Ich lehre euch Freiheit. Wer sich selbst allzu sehr zügelt, und sich selbst allzu sehr unterdrückt, der stirbt schon vor seinem Tod; und sein Leben wird sehr schal sein.

Lass mich dir eine schöne Geschichte erzählen …

Sie handelt von einem weisen alten Rabbi mitten in Russland, dessen Ratschläge sklavisch von den Mitgliedern seiner Synagoge befolgt wurden.

Eines Morgens zupfte ihn ein Mann am Ärmel und flüsterte: „Ich habe all meine Ersparnisse in zweihundert Hühner investiert. Als ich heute früh ins Hühnerhaus kam, waren hundert davon tot. Was soll ich tun?"

„Der Herr spricht: Sag ein Dankgebet," begann der Rabbi, „und dann verdopple den Preis der restlichen Hühner. Dann hast du keine Kopeke verloren."

Doch am nächsten Morgen berichtet der Mann: „Heut Nacht sind weitere fünfzig von meinen Hühnern verschieden."

Die Ratschlüsse des Herrn sind unerforschlich", sagt der Rabbi. „Die fünfzig überlebenden Hühner sind offenbar die besten und wertvollsten der ganzen Schar. Danke Gott erneut und verdoppele ihren

Preis noch einmal, und du verlierst keine einzige Kopeke."

Traurig aber wahr: Am nächsten Morgen hatten auch die letzten fünfzig Hühner ins Gras gebissen.

„Und jetzt?! Ich bin ruiniert!", wimmert der Ärmste.

„Mein Sohn," erwidert der Rabbi, „ich könnte dir noch viele unschätzbare Ratschläge geben. Doch was soll's? Du hast keine Hühner mehr."

Wenn ich mir eure angeblichen Geistlichen so betrachte, sehe ich, dass sie kein Leben mehr haben. Sie lassen sich nicht beraten: Sie sind längst tot. Sie müssten eigentlich in ihren Gräbern liegen. Sie laufen illegal rum. Sie sind Gespenster; sie sind Untote. Sie haben Selbstmord begangen und regen und bewegen sich trotzdem noch. Sie tun mir zwar leid, sind aber auch gefährlich – denn das, was ihnen andere angetan haben, tun sie jetzt anderen an: Jetzt predigen sie anderen Leuten denselben Quatsch.

Jetzt machen sie weiter kleine Kinder kaputt, lähmen neue Lebensquellen, vergiften neue Brunnen. Mehr können sie nicht. Sie kennen nichts anderes. Sie selbst waren lebensunfähig – jetzt machen sie andere lebensunfähig.

Passt auf! Geht keinem auf den Leim, der tot ist. Dann ist es besser, unreligiös zu sein, ist es besser, statt an Gott zu glauben und in die Kirche oder die Moschee oder den Tempel zu gehen, lebendig zu sein – denn das Leben ist die wahre Kirche Gottes. Wenn ihr Gott einen guten Mann sein lasst, geht nichts verloren; aber wenn ihr das Leben zerstört, geht alles verloren, denn das Leben ist Gott.

Ich lehre das Leben, die Liebe. Das verstehe ich unter Gott, und die Verbote, die die Religionen ausgeheckt haben, sind nur Hirngespinste. Sobald ihr aufwacht, sind sie vom Tisch.

> Die Mutter des Geburtstagskindes fragt ein kleines Mädchen: „Wie kommt es, dass dein kleiner Bruder so schüchtern ist? Er hockt schon den ganzen Nachmittag stumm in der Ecke …"
> „Ach was", erwidert das Mädchen, „der ist kein bisschen schüchtern! Er hat nur zum ersten Mal einen Schlips um, und jetzt meint er, man hätte ihn angebunden."

All eure Religionen sind nur Schlipse. Ihr seid an nichts gebunden – das bildet ihr euch nur ein. Vergesst alle Verbote und alle Schlipse und setzt euch in Gang. Und gestattet Gott, durch euch zu leben.

Lasst Gott frei! Ihr braucht nur der Freiheit und Gott zu vertrauen, und ihr werdet es nie bereuen. Damit sage ich nicht, dass es in eurem Leben immer nur Blumen und nichts als Blumen regnen wird. Nein, es gibt Dornen, aber auch die haben ihr Gutes. Und damit sage ich auch nicht, dass euer Leben immer ein Zuckerschlecken sein wird. Oft wird es auch sehr bitter sein. Aber auf diese Weise wächst das Leben – dialektisch.

Und ich sage auch nicht, dass ihr immer gut sein werdet – manchmal werdet ihr alles andere als gut sein. Doch eines garantiere ich: Wenn ihr schlecht seid, seid ihr authentisch schlecht; und wenn ihr gut seid, seid ihr authentisch gut. Ihr macht kein Theater, auf euch ist Verlass.

Wenn ihr wütend werdet, kann man sich darauf verlassen, dass eure Wut weder vorgetäuscht noch kalt ist, sondern heiß und lebendig. Und wenn ihr liebt, seid ihr zweifellos warm und lebendig. Denkt daran: Wer nicht wütend werden kann, kann auch nicht lieben. Alle Rosen haben Dornen. Wen nie die heiße Wut packt, kann auch nicht heiß verliebt sein. Und da er sich nicht erhitzen kann, nicht warm werden kann, bleibt er ein Eisschrank. Und wer immerzu seine Wut unterdrückt hat, meidet die Liebe, da man nie wissen kann …?

Einmal kam ein Mann zu mir und sagte, er habe bei der Liebe noch nie einen tiefen Orgasmus erlebt – ein kerngesunder junger Mann! Was stimmt nicht mit ihm? Er kann keinen Orgasmus haben, und wenn er mal einen Orgasmus hat, erfasst er nicht seinen ganzen Körper und schüttelt ihn durch; und ein lediglich lokaler Orgasmus ist unbefriedigend. Ein totaler Orgasmus pulsiert durch jede Faser, er erfrischt, verjüngt. Einen Augenblick lang ist man eins mit der Existenz, verschmilzt man mit der gewaltigen Kreativität überall, kommt man sich abhanden, ist man kein Ego mehr, zerfließt man; dann hat man keine Grenzen mehr.

Ich erkundigte mich über seine Wut. Er sagte: „Was hat das denn mit Wut zu tun? Ich will etwas über Liebe wissen, wieso ich nicht tief lieben kann."

Ich erwiderte: „Vergiss die Liebe. Erst müssen wir uns mit der Wut befassen. Wenn du dich nicht tief auf die Liebe einlassen kannst, kannst du auch nicht richtig wütend werden.“ Das überraschte ihn; doch genauso war es, wie sich herausstellte. Er kam aus einer sehr frommen Familie und hatte nie wütend werden dürfen, musste seine Wut immer beherrschen. Also ist seine Selbstbeherrschung perfekt. Und zwar so perfekt, dass er gar keine Ahnung hat, wie sehr er sich beherrscht. Heute ist er ein richtiger Kontrollfreak – was er verdrängt hat. Er ist eine ausgesprochen kontrollierte Person. Sehr geachtet, in der Gesellschaft stehen ihm alle Türen offen. Er hat Erfolg, aber in seinen eigenen Augen ist er ein Versager: Er kann nicht lieben!

Ich riet ihm: „Lerne zunächst, wütend zu werden. Denn ich habe den Eindruck, dass du beim Sex deswegen nicht zum Orgasmus kommen kannst, weil du ihn nicht zulässt; und zwar weil du Angst hast, deine Wut, die du unterdrückt hast, könnte sich, wenn du sie zulassen würdest, gleich mit entladen.“

Er erschrak: „Wie bitte? Ich träume ständig, meine Frau umgebracht zu haben! In dem wiederkehrenden Traum töte ich sie, indem ich sie beim Sex mit meiner Leidenschaft ersticke und umbringe!“

Jetzt ist die Wut in ihm zu einer Großmacht geworden. Er schlottert vor Angst, dass er seine Beherrschung verlieren könnte ... wie kann er da lieben? Das ist unmöglich.

Und wer nicht lieben kann, kann auch nicht spirituell werden – und auch nicht transzendieren. Diese repressive Gesellschaft, diese repressive Zivilisation hat auf der ganzen Linie versagt. Nur ist euch das noch nicht klar ...

Folgende wunderbare Anekdote:
Als Chrustschow – und irgendwie vermissen wir ihn! – die Nummer Eins in der Sowjetunion war, erwähnte er oft, Stalin habe ihn manchmal wie einen Hofnarren oder Clown behandelt und von ihm verlangt: „Tanze den Gopak – wie ein Kosake!"
„Und jedes Mal", gestand Chrustschow, „hab ich getanzt!"
Dann rief immer einer der Anwesenden: „Wieso hast du gekuscht?"
Worauf Chrustschow drohend fragte: „Wer hat das gefragt? Steh auf!"
Natürlich meldete sich niemand. Und nach einer bedeutungsschweren Pause schloss Chrustschow: „Genau deswegen, Kameraden, habe ich getanzt."

Nur aus Angst. Stalin kann töten, Stalin ist der Tod. Wie eure Priester! Auch sie bringen seit jeher den Tod; sie repräsentieren den Tod, nicht Gott.

Ich repräsentiere das Leben. Eure Priester haben seit jeher einen Pakt mit dem Tod und haben das Leben verkrüppelt. Eure Priester reden zwar von Gott, stecken aber mit dem Teufel unter einer Decke.

Eine große Verschwörung, die den menschlichen Geist mit Stumpf und Stiel ausgerottet hat. Sie haben euch von euren Gefühlen abgeschnitten, sodass ihr nur noch im Kopf seid. Und da ihr nicht mehr wisst, was ihr fühlt, müsst ihr ständig nach jemandem suchen, der euch sagt, was ihr tun sollt.

In eurer Kindheit sagen euch die Eltern ständig, was ihr zu tun und zu lassen habt. In der Schule später macht das der Lehrer; an der Universität der Professor; in der Gesellschaft schließlich der Boss, der Politiker, der Führer.

Egal wo ihr seid, immer bekommt ihr gesagt, was ihr zu tun und zu lassen habt. Und ständig sucht ihr nach einem, der euch bevormundet, dem ihr euch unterwerfen könnt, weil ihr nicht in der Lage seid, auf euer Herz, auf euch selbst zu hören. Stets verlasst ihr euch auf eine äußere Autorität. Das ist abstoßend, das ist elend, das sollte nicht sein.

Ich bin hier keine Autorität – allenfalls eine Hebamme, aber keine Autorität. Ich kann euch zwar helfen, neu geboren zu werden, aber ich kann euch nicht beherrschen, ich kann euch nichts vorschreiben. Ihr hättet das zwar gerne …

Könnt ihr denn nicht auf euer Herz hören?

Die Quelle des Lebens sprudelt in eurem Innern: Da entspringt es, da kommt es her. Geht nach innen. Ich kann euch auffordern, nach innen zu gehen, ich kann euch beibringen, wie das geht, aber holt euch eure Gebote von dort. Ihr habt die Bibel, die Veden in euch – die wahre Erkenntnis. Holt euch eure Anweisungen aus ihr.

Ich habe es dringend nötig zu vertrauen; vor allem, weil ich wünschte, dir vertrauen zu können - und darunter leide, es nicht zu tun.

NUR WER SICH SELBST VERTRAUT, KANN ANDEREN VERtrauen. Wer sich selbst misstraut, kann niemandem vertrauen. Vertrauen beruht auf Selbstvertrauen. Wer sich selbst nicht vertraut, kann weder mir noch sonst wem vertrauen. Wie kannst du, wenn du dir selbst nicht vertraust, deinem Vertrauen trauen? Es ist schließlich deins …

Vielleicht vertraust du mir ja; aber da es dein Vertrauen ist, vertraust du zwar mir, aber nicht dir selbst. Also betrifft deine Frage überhaupt nicht mich, sondern im Grunde nur dich. Was sind das für Menschen, die sich selbst nicht vertrauen? Irgendwas ist da schiefgelaufen. Zunächst: Solche Menschen halten nicht allzu viel von sich; sie machen sich gern selber schlecht. Ständig fühlen sie sich schuldig und finden immer, dass mit ihnen etwas nicht stimmt. Sie sind immer in der Defensive und wollen beweisen, dass sie nicht unrecht haben, obwohl sie „genau wissen, dass sie unrecht haben". Solche Menschen haben, aus welchem Grund auch immer, kein liebevolles Umfeld gehabt.

Die Psychologen sagen: Wer kein Selbstvertrauen hat, muss zwangsläufig ein tief sitzendes Problem mit der Mutter haben. Irgendwo muss die Mutter-Kind-Beziehung nicht geklappt haben. Denn die Mutter ist die erste Person in der Erfahrung des Kindes; wenn die Mutter dem Kind vertraut, wenn die Mutter das Kind liebt, verliebt sich das

Kind auch in seine Mutter und vertraut ihr. Es ist die Mutter, die das Kind in die Welt einführt. Die Mutter ist das Fenster, durch das es die Existenz betritt.

Im gleichen Maße wie sich eine schöne Beziehung, ein tiefes Einvernehmen, eine tiefe Sympathie zwischen Mutter und Kind entwickelt, beginnt ein tiefer Energieaustausch, blüht etwas auf ... und das Kind beginnt, auch anderen zu vertrauen. Da es weiß, wie schön seine erste Erfahrung war, gibt es keinen Grund anzunehmen, dass es beim nächsten Mal nicht auch schön sein wird: Nichts spricht dagegen, dass die Welt gut ist.

Wenn du als Kind in einer Aura tiefer Liebe aufgewachsen bist, wirst du religiös werden, vertrauen können. Du wirst vertrauen – ganz selbstverständlich vertrauen. Von dir aus wirst du keinem misstrauen, es sei denn, jemand legt es geradezu darauf an, dass du ihm misstraust; nur dann wirst du misstrauen, aber nur ausnahmsweise.

Wenn dich einer betrügt und es darauf angelegt hat, dein Vertrauen zu zerstören, wirst du zwar kein Vertrauen mehr zu ihm haben, aber deswegen nicht gleich der ganzen Menschheit misstrauen. Du wirst sagen: „Dieser Mensch ist nur einer unter Millionen. Wieso soll ich seinetwegen allen misstrauen?"

Wenn dir jedoch das Urvertrauen fehlt, und zwischen dir und deiner Mutter etwas schiefgegangen ist, dann bist du von vornherein misstrauisch. Dann misstraust du immer und überall, bist du von Natur aus misstrauisch. Dann bedarf es keiner Beweise, dann misstraust du jedem. Und wenn jemand um dein Vertrauen wirbt, wird er sich mächtig anstrengen, auf den Kopf stellen müssen. Und selbst dann wirst du ihm nicht vorbehaltlos vertrauen, sondern Bedingungen stellen. Und selbst dann wirst du noch lange nicht allen trauen, sondern nur dieser einen Person. Das ist das Problem.

Früher waren die Menschen ausgesprochen vertrauensvoll. Alle hatten *Shraddha*, Vertrauen war Gemeingut: Man hatte es einfach. Wer aber unbedingt skeptisch sein, zweifeln wollte, musste das erst einmal lernen und sich Gewalt antun. Warum aber konnten die Menschen damals so leicht vertrauen? Weil ihre Liebesbeziehungen sehr viel tiefer gingen.

Heute ist nirgends mehr Liebe zu finden – und Vertrauen ist das i-Tüpfelchen der Liebe, das Sahnehäubchen auf der Liebe. Es gibt keine Liebe mehr. Kinder werden geboren, deren Eltern sich nicht lieben. Kaum sind die Kinder da, werden sie von der Mutter vernachlässigt; was aus ihnen wird, kümmert sie nicht. Im Grunde ist sie vergrätzt, weil sie ihr lästig sind und stören. Viele Frauen verhüten Kinder, und wenn doch welche kommen, dann haben sie Pech gehabt. Und die meisten lehnen Kinder grundsätzlich ab. Ein Kind spürt das, und wird so von Anfang an vergiftet. Es traut seiner Mutter nicht übern Weg.

Eine Lebenseinstellung fällt nicht vom Himmel. Eine Lebenseinstellung beruht auf eigener Erfahrung, auf dem, was man selber erlebt hat. Ein Kind, das seine Mutter tief geliebt hat und von ihr mit Liebe überschüttet wurde, hat das Zeug dazu, auch in Zukunft vertrauen zu können. Es wird viele Liebesbeziehungen eingehen, viele Freundschaften schließen – und sich eines Tages einem Meister hingeben können und schließlich mit Gott verschmelzen. Wenn jedoch kein Urvertrauen da ist, fehlt das Fundament. Dann kann man sich noch so viel Mühe geben, aber es wird immer nur schwerer. Und ich habe das Gefühl, das dies bei dem Fragesteller der Fall ist.

„Ich habe es dringend nötig zu vertrauen"… richtig; weil Vertrauen Nahrung ist. Ohne Vertrauen geht man ein, verhungert man. Vertrauen ist das unsichtbarste Lebensmittel. Wer nicht vertraut, ist nicht wirklich lebendig, lebt ständig in Angst; ist „mitten im Leben vom Tod umfangen".

Wer in seinem Innern tiefes Vertrauen hat, dem erscheint alles in einem anderen Licht. Der ist zu Hause, der gehört dazu, der ist auf der Welt kein Fremder. Dann ist man kein Außerirdischer, ist man kein Ausländer: Du gehörst zur Welt und die Welt gehört zu dir. Die Welt ist froh, dass es dich gibt, und beschützt dich.

Dieses Gefühl einer tiefen Geborgenheit macht Mut, sich auf unbekannte Wege zu wagen. Wenn die Mutter im Hause ist, wird ihr Kind mutig. Habt ihr das je beobachtet? Es traut sich auf die Straße, es wagt sich in den Garten, es traut sich alles Mögliche zu. Wenn die Mutter nicht da ist, hockt es ängstlich hinterm Ofen, tut keinen Schritt, fühlt sich ausgeliefert, schutzlos. Es kommt sich völlig fremd vor.

Wenn du als Kind von tiefer Liebe und Vertrauen überschüttet wurdest, bekommst du ein schönes Selbstbild. Und wenn dich deine Eltern zutiefst geliebt haben und sie völlig zufrieden waren mir dir … denn du warst die Krönung ihrer Liebe, der Höhepunkt ihrer Liebe, der Beweis ihrer

Liebe! Wenn du also in der Aura ihrer Liebe aufgewachsen bist, dann bist du das Hohe Lied ihrer Liebe, bist du der Beweis, dass sie sich geliebt haben, bist du ihr Unterpfand, bist du ihr Geschöpf: Sie haben Freude an dir, sie finden dich toll und akzeptieren dich so, wie du bist. Und solltest du irgendwann ihre Hilfe brauchen, sind sie für dich da.

Und wenn sie dir manchmal etwas verbieten, fühlst du dich weder verletzt noch angegriffen – nein, du fühlst dich geliebt. Wenn jedoch keine Liebe da ist und die Eltern immer nur kritisieren und fordern, begreift das Kind: „Ich werde nicht so akzeptiert, wie ich bin. Wenn ich gehorche, werde ich geliebt, und wenn ich nicht gehorche, werde ich nicht geliebt. Und wenn ich mache, was ich will, hassen sie mich!"

Also zieht es sich in sich zurück. Seine unschuldige Art wird nicht akzeptiert und geliebt. An Liebe werden Bedingungen geknüpft. Wie soll es sich da schön finden können? Wenn du dich zum ersten Mal in den Augen deiner Mutter gespiegelt siehst, und du siehst, wie sie strahlen vor Glück, Seligkeit, Begeisterung, ja Ekstase, weißt du, dass du wertvoll bist, erkennst du deinen eigentlichen Wert. Dann kannst du ohne weiteres vertrauen, weil du keine Angst hast. Aber wenn du weißt, dass du abgelehnt wirst, versuchst du ständig zu beweisen, dass du in Ordnung bist.

So wird man streitsüchtig. Wer ständig Streit sucht, hat Minderwertigkeitskomplexe. Er ist sehr defensiv, sehr empfindlich. Sagst du zu ihm: „Das hast du verkehrt gemacht!", springt er dich an, platzt ihm der Kragen. Er kann nicht einmal die leiseste, freundliche Kritik vertragen.

Wer dagegen ein gesundes Selbstvertrauen hat, ist bereit zuzuhören, ist für alles offen. Er respektiert ohne weiteres die Meinung anderer: „Vielleicht haben sie ja recht!" Und selbst wenn sie recht haben und er nicht, ist das egal: Er hat sich nichts vorzuwerfen.

Die Leute sind so empfindlich … Sie wollen nicht kritisiert werden und sie wollen sich von niemandem etwas vorschreiben lassen. Und solche Leute meinen, sich nicht hingeben zu können, weil sie das nicht nötig hätten. Dabei sind sie nur krank, neurotisch. Nur ein sehr selbstbewusster Mensch kann sich hingeben – Schwächlinge nie und nimmer; denn mit ihrer Hingabe, so befürchten sie, würden sie der ganzen Welt ihre Schwäche eingestehen.

Sie kennen ihre Schwäche, sie kennen ihren Minderwertigkeitskomplex, also können sie sich nicht verbeugen – ganz ausgeschlossen. Denn mit einer Verbeugung würden sie ihre Schwäche zugeben.

Nur ein souveräner Mensch kann sich verbeugen; minderwertige Leute verbeugen sich niemals. Da sie sich selbst nicht respektieren, können sie niemanden respektieren. Sie haben keine Ahnung, was Achtung heißt; und sie meiden die Hingabe wie der Teufel das Weihwasser; denn sie halten sie für Schwäche.

Wenn es dir also schwerfällt zu vertrauen, dann musst du deine Kindheit durchforsten, musst du weit in deine Vergangenheit zurückgehen, musst deine Vergangenheit prüfen, musst du deine frühkindlichen Prägungen löschen. Offenbar schleppst du einen enormen Ballast aus deiner Vergangenheit mit – wirf ihn ab!

Und das geht so: Geh so weit zurück, wie du kannst, aber nicht nur in der Erinnerung, sondern indem du es wieder erlebst. Geh jeden Tag, jeden Abend, einfach eine Stunde lang wieder zurück. Führe dir alles wieder vor Augen, was du in deiner Kindheit erlebt hast. Je tiefer du kommst, desto besser – denn wir halten vieles von dem, was damals geschah, unter Verschluss und wollen uns gar nicht mehr daran erinnern: Lass es wieder in dein Bewusstsein aufsteigen. Lass es an die Oberfläche kommen.

Wenn du das jeden Tag machst, wirst du deine Fühler immer tiefer ausfahren. Anfangs werden Erinnerungen an die Zeit kommen, als du vier oder fünf Jahre alt warst – aber weiter zurück kommst du nicht. Auf einmal ragt eine Chinesische Mauer auf! Mach weiter. Mit der Zeit merkst du, dass du noch tiefer kommst – bis in dritte, zweite Jahr.

Manche kommen bis zu ihrer Geburt, als sie aus dem Mutterschoß kamen. Manche können sich sogar erinnern, wie es als Embryo war ... oder erleben sogar wieder, wie sie in ihrem letzten Leben starben! Doch wenn du es schaffst, bis zum Punkt deiner Geburt vorzudringen, und sie noch einmal zu erleben, wird dies sehr schmerzhaft, sehr qualvoll werden. Dann durchlebst du deine Geburt quasi noch einmal, magst du genauso laut brüllen wie als Säugling beim ersten Schrei, genauso um Luft ringen wie damals, als du nach deiner Geburt ein paar Sekunden lang nicht atmen konntest, fast erstickt wärst.

Und mit dem ersten Schrei begannst du dann endlich zu atmen, befreiten sich deine Atemwege, begann deine Lunge zu arbeiten. Vielleicht wirst du bis zu diesem Punkt zurückgehen müssen. Danach komm wieder zurück, und geh jeden Abend wieder hin und kehre zurück. Das musst du mindestens drei bis neun Monate durchhalten – so lange wird es dauern; aber mit jedem Tag wird dir leichter ums Herz werden, immer freier, und zugleich mit dieser Entlastung wird sich in dir Vertrauen entfalten – ganz von selber. Sobald die Vergangenheit geklärt ist und du alles gesehen hast, was damals geschah, bist du frei davon.

Dies ist der Schlüssel: Du wirst von allem befreit, was aus deinem Gedächtnis wieder in dein Bewusstsein zurückkehrt. Bewusstwerdung befreit, Unbewusstheit führt in die Knechtschaft. Dann wird Vertrauen entstehen. Darauf sind die Psychologen gestoßen – dass Liebe Nahrung ist. Wenn irgendwer noch vor zwanzig Jahren gesagt hätte, dass Liebe eine unsichtbare Lebenskraft sei, hätten ihn die Wissenschaftler ausgelacht und ihn für einen Dichter, einen Träumer gehalten, der sich Illusionen macht.

Liebe soll Nahrung sein? Was für ein Quatsch! Doch inzwischen ist die naturwissenschaftliche Forschung selber so weit zu sagen: „Liebe ist Nahrung. Wenn ein Säugling etwas zu essen bekommt, wird sein Körper ernährt; bekommt er jedoch keine Liebe, dann verhungert seine Seele, verkümmert seine Seele." Inzwischen hat man Möglichkeiten zu messen, ob ein Kind geliebt wird und ob es die Wärme bekommt, die es braucht. Man kann einem Kind all die Nahrung geben, die es braucht, kann es so gesund erhalten, wie es nur geht. Nehmt ihm die Mutter, gebt ihm Milch und Arznei, versorgt es in jeder Hinsicht – nur umarmt, küsst, streichelt es nicht ...

Viele Experimente haben das bewiesen: Dann beginnt das Kind, sich mehr und mehr in sich selbst zurückzuziehen, krank zu werden; und in den meisten Fällen stirbt es, aus keinem ersichtlichen Grund. Oder, wenn es überlebt, ist es kein Leben mehr, wird es schwachsinnig, idiotisch werden. Es lebt zwar, aber nur ganz am Rande. Es wird nie Tiefe, nie Energie haben. Ein Kind zu umarmen, menschliche Körperwärme zu spüren, ist Nahrung für das Kind, eine sehr feinstoffliche Nahrung. Das hat sich inzwischen herumgesprochen.

Gestattet mir eine Prophezeiung: In zwanzig oder dreißig Jahren werden die Psychologen endlich entdecken, dass Vertrauen über der Liebe steht, eine viel hochwertigere Nahrung ist, von größerer Tragweite ist ... ähnlich dem Gebet. Vertrauen ist so etwas wie Andacht, wenn auch feinstofflicher. Eher ein Gefühl. Wenn du Vertrauen hast, wird dir plötzlich aufgehen, dass du dich mit mir auf ein großes Abenteuer einlässt, und sich dein Leben schlagartig verändern wird. Wenn du kein Vertrauen hast, steckst du einfach nur fest. Da kann ich dich noch so viel überreden, ermuntern – du rührst dich nicht vom Fleck. Irgendwie verfehlst du mich dann ständig.

Lass dein Vertrauen aufsteigen. Dein Vertrauen wird eine Brücke schlagen zwischen mir und dir. Dann beginnen gewöhnliche Worte zu leuchten, dann kann meine bloße Präsenz zum Mutterschoß und du neugeboren werden. Leute die aus Angst vertrauen und sich an irgendwen anlehnen, sich an jemanden klammern, und jemandes Hand halten, die schauen zum Himmel hoch, um zu Gott zu beten, dass Sie keine Angst mehr haben müssen. Kennt ihr das nicht von euch? Wenn ihr manchmal nachts durch eine dunkle Straße geht, fangt ihr an zu pfeifen oder zu singen ... Das bringt zwar nichts, hilft aber irgendwie. Wer singt, dem wird wärmer, der lenkt sich von seiner Angst ab, verdrängt sie. Wer pfeift, macht sich Mut; er vergisst, wie finster und gefährlich es ist, obwohl sich in Wirklichkeit gar nichts ändert: Die Angst, die Gefahr ist immer noch da – ja, jetzt erst recht! Denn wer singt, ist leichter auszurauben, da er weniger aufpasst. Wer pfeift, ist weniger vorsichtig, da er einer Illusion erliegt.

Wenn dein Vertrauen aus Angst entsteht, ist es besser nicht zu vertrauen, denn es ist unecht.

> Ich habe gehört ...
> Mulla Nasrudin macht es sich im Barbiersessel bequem und fragt: „Wo ist der Barbier, der sonst immer am Sessel neben meinem arbeitet?“
> „Ach je, das ist ein trauriger Fall!“, erwidert sein Barbier. „Er war so verzweifelt über seinen mageren Verdienst, dass er eines Tages durchdrehte und einem Kunden mit dem Rasiermesser die Gurgel durchgeschnitten hat, nur weil der eine Massage abgelehnt hatte. Jetzt ist er in der Klapsmühle.
> A propos: Wünscht der Herr eine Massage?“
> „Selbstverständlich!“, beteuert Mulla Nasrudin.

Man kann zwar aus Angst „selbstverständlich!“ sagen, doch das ist kein Vertrauen. Vertrauen beruht auf Liebe, und wenn du weißt, dass du nicht vertrauen kannst, musst du hart an dir arbeiten. Du hast eine sehr belastete Vergangenheit, verkorkste Vergangenheit.

Du musst deinen Stall ausmisten, ihn gründlich säubern.

Was bedeutet die Redewendung „Die Existenz kümmert sich"?

WIR SIND TEIL DER EXISTENZ, WIR SIND NICHT GETRENNT von ihr. Selbst wenn wir uns trennen wollten, geht es nicht. Unser Leben macht einfach gemeinsame Sache mit der Existenz. Und je mehr man an der Existenz teilnimmt, desto lebendiger wird man. Darum bestehe ich so darauf, dass ihr rückhaltlos leben sollt, denn je tiefer ihr das Leben genießt, desto mehr seid ihr eins mit der Existenz. Sie hat euch geboren; sie erneuert, verjüngt euch ununterbrochen, wiederbelebt euch in jedem Augenblick, mit jedem einzelnen Atemzug, mit jedem einzelnen Pulsschlag!

Die Existenz kümmert sich um euch. Wir aber nehmen uns nicht einmal wahr, wir nehmen nicht einmal unsere Atmung wahr. Gautam Buddha hat der Welt eine ausgesprochen einfache, aber unschätzbare Meditation hinterlassen – *Vipassana.* Das Wort *Vipassana* bedeutet einfach nur Atembeobachtung, wie man einatmet und wieder ausatmet. Buddha wurde ständig gefragt: „Wozu soll das gut sein?" Er war kein Theoretiker, sondern erwiderte dann immer: „Probiert's einfach mal aus und seht selbst. Probiert's aus und berichtet mir, wie es war. Fragt nicht mich."

Sobald ihr zu beobachten anfangt, wie ihr atmet, wird euch ein Licht aufgehen: Nämlich dass ihr durch eure Atmung unentwegt mit der Existenz verbunden seid – ununterbrochen, ohne einen Tag Urlaub!

Im Wachen wie im Schlaf pumpt die Existenz euch mit

Leben voll und entsorgt alles Tote. Kohlendioxid ist tot, und würde es sich in euch ansammeln, würdet ihr sterben. Sauerstoff heißt Leben, also muss das Kohlendioxid ständig durch frischen Sauerstoff ersetzt werden. Wer kümmert sich darum? Zweifellos nicht ihr selber! Müsstet ihr euch darum kümmern, wärt ihr längst tot, könntet ihr diese Frage nicht stellen. Wie oft hättet ihr vergessen zu atmen, oder hätte euer Herz vergessen zu schlagen, oder euer Blutkreislauf hätte gestockt – alles mögliche würde schiefgehen. Das reinste Chaos würde in euch ausbrechen. Aber alles funktioniert wie am Schnürchen.

Habt ihr diese Harmonie etwa euch selber zu verdanken? Wenn ich also sage: „Die Existenz kümmert sich", philosophiere ich keineswegs; das Philosophieren ist meist Unsinn. Nein, ich spreche von einer Tatsache. Und wenn ihr euch das einmal wirklich bewusst macht, breitet sich in euch ein enormes Vertrauen aus.

Wenn ich euch also versichere: „Die Existenz kümmert sich um euch!", dann nur, um das Bewusstsein in euch zu wecken, was für ein wunderbares Geschenk das Vertrauen in die Existenz ist. Ich verlange von euch ja weder, an einen hypothetischen Gott zu glauben, noch an einen Messias, einen Erlöser zu glauben: Ihr seid doch keine Kinder mehr, die sich nach einer Vaterfigur sehnen, die sich um sie kümmert. Nein, das alles sind Ammenmärchen. Es hat auf Erden noch keinen Erlöser gegeben.

Die Existenz selbst reicht vollauf. Ich rate dir, geh deiner Beziehung zur Existenz auf den Grund! Und du wirst – statt auf einen Glauben, eine Konfession – auf Vertrauen stoßen! Vertrauen ist so schön, weil es aus deiner eigenen Erfahrung gewachsen ist. Vertrauen wird dir helfen, dich zu entspannen – weil die gesamte Existenz sich um dich kümmert. Mach dir keine Gedanken, keine Sorgen, es gibt nichts zu befürchten – weder Seelenqualen noch das, was die Existenzialisten „Angst" nennen. Vertrauen hilft dir, dich zu entspannen, hilft dir loszulassen. Und wer loslässt, bestellt den Boden für das zarte Pflänzchen namens „Zeugesein". Das eine hängt mit dem anderen zusammen.

Drei ergraute hanseatische Mütter, Frau Hansen, Frau Schmitz und Frau Ohlsen, vertreiben in einem Schwarzwälder Kurhotel ihre Langeweile damit, mit ihren Söhnen zu prahlen.

„Mein Sohn ist Arzt", sagt Frau Hansen, „und zwar sowohl Internist als auch Chirurg. Er verdient so viel, dass er sich ein großes Loft in New York leisten kann."

„Nicht schlecht", sagt Frau Schmitz. „Mein Sohn ist Anwalt für Scheidungen, Schadensersatz- und Steuerfälle. Dank seines enormen Erfolges hat er sich ein stattliches Haus mit Elbeblick in Blankenese gekauft."

„Meine Damen," meldet sich nun Frau Ohlsen zu Wort. „Sie beide können ja mächtig stolz auf ihre erfolgreichen Söhne sein. Mein Sohn dagegen ist, wie ich gestehen muss, homosexuell!

„Ach, Sie Ärmste!" bemitleidet sie Frau Schmitz. „Und was macht er beruflich?"

„Nichts", seufzt Frau Ohlsen. „Er hat zwei Liebhaber! Der eine ist Arzt und hat ein Loft in New York, und der andere ist Anwalt und besitzt ein Stadthaus an der Elbe."

Die Existenz kümmert sich.

Ich bin tief verwirrt, was das richtige Verhältnis zwischen Vertrauen und Handeln ist. Einerseits sage ich mir: „Wenn du nichts tust, passiert gar nichts. Gott hilft nur dem, der sich selber hilft." Andererseits aber denke ich: „Warte ab, lass dich von der Strömung tragen. Vertraue einfach nur, und alles wird gut." Ich vertraue weder genug, noch bin ich aktiv genug; also hänge ich ständig zwischen diesen beiden Polen oder springe zwischen beiden hin und her. Kannst du bitte etwas dazu sagen?

VERTRAUEN HEISST NICHT, DASS ALLES GUT WIRD. Vertrauen heißt, dass alles schon gut ist. Vertrauen kennt keine Zukunft; Vertrauen kennt nur die Gegenwart.

Sobald du an die Zukunft denkst, misstraust du bereits. Sobald du denkst „Alles wäre in Ordnung, wenn ich vertrauen könnte", ist dein Verstand aktiv, statt dass du vertraust. Damit willst du die Existenz nur manipulieren: indem du dich passiv gibst, in Wirklichkeit aber manipulierst. Inaktivität ist nicht Vertrauen.

Wenn dein Motiv lautet: „Für mich muss alles stimmen!", hast du ein bestimmtes Ergebnis im Auge. Du hängst zwischen Aktivität und Passivität – die aber nur die zwei Seiten derselben Medaille sind: Sie sind keine Gegensätze, sondern ergänzen einander. Dann pendelst du immerzu nur dazwischen hin und her, geht dieses Hinundher immer weiter, denn egal wofür du dich entscheidest – du hast es früher oder später satt. Alles Tun ermüdet, und dann hofft man, es durch Untätigkeit zu erreichen.

Wer aber nichts tut, langweilt sich früher oder später. Alles Nichtstun langweilt, also wird man wieder tätig: So bleibst du in der Dualität von Tun und Nichtstun, weißt aber noch lange nicht, was Vertrauen ist. Vertrauen ist weder Tun noch Nichtstun. Vertrauen kann mit beidem einhergehen.

Vertrauen heißt lediglich, dass alles längst in Ordnung ist; also braucht sich auch nichts zu ändern, braucht aus A nicht B zu werden. Was immer du bist, das bist du, und das ist gut. Damit zu entspannen heißt aber nicht, dass du untätig wirst – denn vielleicht bist du ein aktiver Mensch, und wenn du dich damit entspannen kannst, regt dich das vielleicht erst recht an. Oder du bist eher passiv, und wenn du dich damit entspannen kannst, dann kommt eine noch größere Inaktivität zum Vorschein. Aber das hat nichts mit dir zu tun: Denn nicht du entscheidest, ob du aktiv oder inaktiv bist. Du entspannst dich einfach mit dem, was du bist. Dann mag kommen was will, und alles ist gut – weil Gott existiert. Das soll aber nicht heißen – ich wiederhole –, dass du unbedingt untätig werden musst, nein.

Ein Laotse wird zwar untätig werden, nicht aber ein Krishna, aber beide haben Vertrauen. Wo berühren sie sich dann? – bei so völlig verschiedenen Persönlichkeiten – nicht nur verschieden, sondern diametral entgegengesetzt!? Krishna führte ein ausgesprochen aktives Leben und Laotse führte ein ausgesprochen passives Leben, aber beide sind erfüllt von Vertrauen.

Laotse hat vertraut und sich entspannt – und das führt dazu, dass er sich jetzt immer tiefer ins Nichtstun fallen lässt.

Jetzt ist er nurmehr eine Präsenz, eine Präsenz, die sich ausschweigt. Wenn sich überhaupt noch etwas in ihm regt, dann ist es ein Tun durch Nichttun. Merkt euch diese Worte: „Tun durch Nichttun." Falls er überhaupt noch etwas bewirkt, ist er nur ein Katalysator: Es geschieht nur dank seiner Präsenz, ohne dass er auch nur einen Finger rührt.

Bei Krishna ist genau das Umgekehrte der Fall: Er ist absolut aktiv. Auch er ist einer, der vertraut. Er hat sich mit sich entspannt und ist aufgrund ebendieser Entspannung zu einem Feuerwerk von Aktivitäten explodiert. Sollte man ihn je untätig antreffen, dann nur, weil er neue Pläne ausheckt. Nur dazu hält er inne: um ein neues Abenteuer zu planen. Wenn Laotse ein „Tun durch Nichttun" ist, dann ist Krishna ein „Nichttun durch Tun". Aber beide vertrauen.

Und beider Vertrauen ist identisch – beide haben sich entspannt. Wenn sich eine Rose entspannt, wird sie zu einer Rose; wenn sich ein Lotus entspannt, wird er zu einem Lotus. Ein Lotus ist ein Lotus, eine Rose ist eine Rose – beide sind völlig verschieden –, aber was ihre Entspannung angeht, so haben sie beide dieselbe Akzeptanz – dasselbe Sein, dasselbe Vertrauen. Glaub also nicht, dass Vertrauen dasselbe wäre wie Nichttun; das ist es nicht.

Entspanne dich also in dein eigenes Selbst.

Und es gibt eine dritte Möglichkeit – nämlich Jesus, der ist beides: Mal ist er aktiv und mal ausgesprochen inaktiv. Er steht genau zwischen Laotse und Krishna. Wenn Krishna durch und und durch aktiv ist und Laotse pure Inaktivität, ist Jesus genau dazwischen – als große Synthese. Mal ist er ausgesprochen aktiv, und mal zieht er sich vierzig Tage lang ins Gebirge zurück, um zu fasten und unter Bäumen zu meditieren, mit Gott allein zu sein. Und danach dann wirft er sich wieder in den Trubel. Er ist ein Revolutionär, ein Rebell. Aber immer wieder ermahnt er seine Jünger: „Bald ist meine Zeit um!“ Immer wieder meditiert er im Gebirge, verschwindet tagelang und taucht dann wieder auf wie eine Flamme, wie eine an beiden Enden brennende Fackel.

Alle drei Möglichkeiten gibt es. Entspanne dich einfach und lass alles geschehen. Aber missverstehe Vertrauen nicht als Passivität. So ist es in diesem Lande gewesen: Aus Vertrauen wurde Passivität. Die Inder glaubten jahrhundertelang, man brauche nichts weiter zu tun, als auf Gott zu vertrauen. Und das klingt auch durchaus einleuchtend: „Wenn man alles Gott überlässt, braucht man keinen Finger zu rühren, sondern sich nur still hinzusetzen und zu warten; wenn es geschehen soll, wird es geschehen. Wozu sich einmischen?“ Ganz Indien wurde lethargisch, passiv; es hat all seinen Glanz verloren.

Und der Westen ist ins andere Extrem gegangen; denn seit aufgrund der naturwissenschaftlichen Entwicklung die Existenz Gottes infrage gestellt wird, ist Gott nicht mehr so gewiss wie früher, steht seine Existenz nicht mehr fest; auf ihn zu bauen, mag einfach nur dumm sein. Der Mensch muss selber handeln. Somit ist der Westen in das entgegengesetzte Extrem verfallen: aktiv sein, ständig aktiv sein zu müssen – dermaßen, dass viele einfach keinen Schlaf mehr finden. Sie leiden inzwischen unter Hyperaktivität, wälzen sich ständig im Bett hin und her und reden im Schlaf.

Sie sind schlafgestört, und viele wissen nicht einmal mehr, was Schlaf heißt. Der ganze Westen leidet fast schon an Schlaflosigkeit, zu viel Aktivität.

Weil „es keinen Gott gibt", könnt ihr auch nicht vertrauen. Der Osten ist absolut träge geworden – weil „es Gott gibt"! Also kann man die Hände in den Schoß legen. Dabei sind beide Haltungen geradezu idiotisch. Vertrauen heißt nichts weiter, als entspannt so zu sein, wie man ist. Ob es Gott gibt oder nicht gibt, hat nichts mit Vertrauen zu tun. Auch das will verstanden sein.

Wann immer von „Vertrauen" die Rede ist, wird sofort gefragt: „In wen?", als ob Vertrauen ein Objekt bräuchte. Nein, Vertrauen braucht kein Objekt. Vertrauen ist eine Befindlichkeit, die kein Objekt braucht. Auch wer nicht an Gott glaubt, kann vertrauen, und wer an Gott glaubt, mag nicht vertrauen; Gott ist nicht so wichtig, durchaus entbehrlich. Buddha zum Beispiel vertraut; weder glaubt er, noch glaubt er nicht an Gott. Mahavira vertraut, glaubt aber nicht an Gott. Laotse vertraut, lässt aber offen, ob es einen Gott gibt oder nicht; nirgends erwähnt er Gott, Gott spielt praktisch keine Rolle.

Somit ist Vertrauen etwas, das sich in eurem Innern abspielt und sich nicht auf etwas Äußeres bezieht. Vertrauen ist euer entspannter Seinszustand: Sobald man entspannt ist, vertraut man. Vertrauen heißt: Sei du selbst, tu deiner Natur keine Gewalt an. Ihr könnt die Natur meinetwegen Gott oder Gott die Natur nennen – je nachdem, was euch lieber ist. Wer an Gott glaubt, mag die Natur Gott nennen; wer nicht an Gott glaubt, auch gut – der mag Gott die

Natur nennen. Aber Vertrauen ist und bleibt die Grundlage eines wahren Lebens.

Und dann mag kommen, was will – Aktivität, Passivität, beides –, lass es zu. Lass dich zutiefst, rückhaltlos, mit Haut und Haar darauf ein.

6. Sich der Leere nähern

Vergänglicher und illusorischer als auf Wasser
geschriebene Ziffern - vom Buddha im Jenseits
Glückseligkeit zu erwarten.
Schon jetzt hängt über dem Herzen keine Wolke,
kein Berg ist da,
hinter dem der Mond sich verbergen kann.
Auf unserm Weg durch diese Welt von Geburt und Tod
haben wir keinen Begleiter.
Einsam sterben wir, allein kommen wir zur Welt.
Die Flutwelle rollt weiter, aber ergib dich,
und sie wird dich tragen.
Wer nichts sieht, nichts sagt, nichts hört,
übertrifft selbst den Buddha.

Ikkyu

DER DENKER WIRD MIT SEINEN GEDANKEN SCHÖPFERISCH. Dies ist eine der tiefsten Wahrheiten überhaupt: dass ihr selbst der Schöpfer all eurer Erfahrungen seid. Erst erzeugt ihr etwas, dann erfahrt ihr es, und dann verstrickt ihr euch in die Erfahrung, weil ihr nicht wisst, dass sich der Ursprung von allem in euch befindet.

Dazu folgendes berühmte Gleichnis …

Einst verirrte sich ein Reisender ins Paradies. In der indischen Vorstellung vom Paradies gibt es *Kalpatarus* – Bäume, die Wünsche erfüllen. Man setzt sich drunter, wünscht sich etwas, und schon ist es da – ohne Abstand zwischen dem Wunsch und seiner Erfüllung: Ein Gedanke verwandelt sich in ein Ding! Man stellt sich etwas vor, und sofort ist es da. Der Gedanke wird automatisch verwirklicht.

Diese *Kalpatarus* symbolisieren lediglich unseren Verstand. Der Verstand ist schöpferisch, mittels seiner Gedanken.

Müde, wie der Mann war, schlief er unter einem *Kalpataru* ein – solch einem Wunscherfüllungsbaum. Er erwachte mit einem Bärenhunger; also sagte er: „Ich habe Hunger! Ich würde jetzt gerne was essen." Und im Nu schwebten aus dem Nichts volle Schüsseln mit köstlichen Speisen herab! Er war zu hungrig, um sich zu fragen, wo sie herkamen; Hungernde philosophieren nicht. Er fing an zu essen, und alles mundete so sehr, dass ihm Hören und Sehen verging. Kaum aber war sein Hunger gestillt, sah er um sich. Als er satt war, schaute er um sich und dachte: „Jetzt hätte ich gern noch etwas zu trinken!"

Im Paradies ist Alkohol ja nicht verboten: Sofort stand ein edler Tropfen vor ihm!

Wie er so entspannt im Schatten des Baumes saß und im kühlen Lüftchen des Paradieses seinen Wein trank, kam ihm die Frage: „Was ist hier eigentlich los? Was geht hier vor? Träume ich plötzlich oder treiben hier etwa Gespenster mit mir ihren Schabernack?“ Und schon erschienen Gespenster, grausame, schreckliche, ekelhafte Gespenster. Zitternd dachte er: „Das überlebe ich nicht! Diese Kerle werden mich umbringen.“ Und sie brachten ihn um.

Dies ist ein uraltes Gleichnis, von ungeheurer Bedeutung. Es beschreibt euer ganzes Leben. Euer Geist ist der Wunscherfüllungsbaum *Kalpataru:* Jeder Gedanke geht irgendwann in Erfüllung. Manchmal ist der Zeitabstand so groß, dass ihr gar nicht mitbekommt, dass sich soeben euer eigener Wunsch erfüllt hat; manchmal liegen Jahre, ja ganze Leben dazwischen, sodass ihr keine Ahnung habt, wo das herkommt. Aber wenn ihr tiefer blickt, werdet ihr erkennen, dass ihr euch und euer Leben selber ausgedacht habt. Eure eigenen Gedanken erzeugen eure Hölle und erzeugen euren Himmel.

Sie machen euch unglücklich, sie machen euch froh. Sie erzeugen das Positive wie das Negative. Euer Schmerz, euer Vergnügen sind nur eingebildet; der süße Traum und der Alptraum sind nur eingebildet.

Was meine ich damit, dies alles eingebildet zu nennen? Damit meine ich, dass es seinen Ursprung in euch hat. Ihr erzeugt um euch her eine magische Welt; wir Inder nennen sie *Maya:* Jeder in diesem Land ist ein Magier; jeder spinnt und webt eine Zauberwelt um sich – und verfängt sich darin. Die Spinne geht in ihr eigenes Netz …

Niemand außer euch selbst foltert euch. Das besorgt ihr von selbst: Euer ganzes Leben ist euer Produkt, euer Werk.

Der Buddhismus weist nachdrücklich auf diese Tatsache hin. Sobald einem das klar ist, wird alles anders. Dann hat man Spielfreiheit; dann kann man seine Hölle zum Himmel machen – man braucht nur seinen Blickpunkt zu wechseln. Oder, wer allzu sehr in sein Unglück verliebt ist, kann sich so viel Unglück ausdenken, wie er will – so viel sein Herz begehrt! Aber dann darf er sich auch niemals beschweren; denn er hat es wohlgemerkt selbst so gewollt – es ist sein Gemälde. Er darf niemanden verantwortlich dafür machen; die ganze Verantwortung liegt bei ihm.

Damit bietet sich aber auch eine neue Möglichkeit: Ihr könnt aufhören, die Welt zu erschaffen; ihr braucht damit nicht weiterzumachen! Der Schöpfer kann die Hände in den Schoß legen, in den Ruhestand gehen.

Dieser Ruhestand des Geistes ist Meditation. Man kennt alles, hat es von allen Seiten gesehen. Man hat genossen und man hat gelitten, alle Seelenqualen und alle Ekstasen erlebt … Liebe und Hass, Wut und Mitgefühl, Scheitern und Erfolg, das alles kennt man. Das ewige Auf und Ab, die Abgründe wie die Gipfel, man hat alles durchlebt; irgendwann dämmert einem dann schließlich, nach all diesen Erfahrungen, dass man selber ihr Schöpfer ist.

Wer je Drogen genommen hat, kennt das. Die Droge setzt einfach nur eure Vorstellungskraft frei und schon geht es los, du wirst in andere Welten katapultiert. Wenn ein Paranoiker LSD nimmt, blüht ihm ein Horrortrip: Er wird verfolgt, von Feinden umringt! Die entsetzlichsten Dinge muss er durchmachen. Wer aber ohne Angst lebt, in Liebe und Freude, wird Offenbarungen haben. Während Aldous

Huxley von ausgesprochen beseligenden LSD-Erfahrungen spricht, erlebte Karl Reiner eine Hölle. Und beide haben sie recht – so sehr sie einander auch widersprechen und kritisieren mögen: Für Reiner sind Drogen die Hölle – na so was!

Wer dir die Hölle heiß macht, ist dein eigener Verstand, deine Vorstellungswelt; die Drogen vergrößern alles nur, sie übertreiben; sie können alles auf die Spitze treiben, sodass es tausendfach größer erscheint als es ist. Aus Maulwurfshügeln werden Berge … das ist alles.

Die Droge kann nur übertreiben; das Saatkorn liefert euer Verstand. Euer ganzes Leben ist eine Art Drogentrip. Unter dem Einfluss von Drogen geschieht alles im Nu, auf der Stelle. Im gewöhnlichen Leben dauert dagegen alles etwas länger, gemäß der Uhrzeit, ist aber derselbe Trip. Euer Leben und eure Drogenerfahrungen gleichen sich aufs Haar; denn beides entstammt derselben Vorstellungswelt – wie könnten sie sich da unterscheiden?

Diesen Punkt zu erkennen heißt, allmählich innerlich aufzuwachen. Dann verschwindet die Dualität. Indem man einfach nicht mehr mitmacht, zum bloßen Zeugen wird, nur beobachtet, kann man alles verschwinden lassen.

Den Wissenschaftlern zufolge gehen dem Durchschnittsmenschen in vierundzwanzig Stunden fünfzigtausend Gedanken durch den Kopf … fünfzigtausend Gedanken, einer nach dem anderen! Da man sich die nicht alle bewusst machen kann, wählt man aus. Es gibt gute Gedanken und es gibt schlechte Gedanken, es gibt schöne Gedanken und es gibt hässliche Gedanken – ein großes Angebot.

Das ist so, als könne man in seinem Radio sämtliche Sender empfangen. Das Radio hat einem den ganzen Lärm der Welt und der Politiker zu bieten. Doch man wählt seinen Sender: Man hat die Wahl. Oder man schaltet das Radio gar nicht erst an und und erspart sich all den Lärm. Genauso verhält es sich: Wer meditiert, wählt keinen Sender aus; er lässt das Radion einfach nur aus oder zieht den Stecker raus – und weg ist der ganze Lärm mitsamt allen Politikern und ihrem Unsinn. Wer aber wählen will, der kann wählen, er kann sich irgendeinen Sender aussuchen. Die meisten haben einen Lieblingssender: Egal wessen Zimmer ihr betretet – werft einen Blick auf sein Radio, der Zeiger steht auf seinem Lieblingssender, egal ob das Radio läuft oder nicht. Irgendwann bleibt der Zeiger einfach auf seinem Lieblingssender stehen.

Das gilt auch für euren Verstand: Wenn ich in euer Inneres sehe, prüfe ich, wo der Zeiger steht. Der eine hat sich für die Hölle entschieden, dort steht sein Zeiger, und zwar schon so lange, dass er quasi eingerostet ist. Vielleicht lässt er sich überhaupt nicht mehr bewegen, steht er still. Vielleicht habt ihr ihn dort sogar schon vor vielen, vielen Leben stehen lassen, sodass ihr vergessen habt, dass es noch andere Sender gibt. Ihr meint zu leiden, diesem Lärm hilflos ausgesetzt zu sein – ihr müsst euch diesen Lärm anhören, auch wenn er euch anekelt, aber was soll man machen? – man muss sich ihn anhören.

Die Leute haben ihre Lieblingsgedanken. Dann müssen sie immer wieder dasselbe denken: derselbe Gedanke, ständig wiederholt, wird zum Ohrwurm, hat sich in ihren

Gehirnzellen eingenistet und ist jetzt Wirklichkeit. Natürlich fühlt man sich da wehrlos, wie ein hilfloses Opfer.

Du bist kein Opfer, weder ein Opfer des Schicksals, noch ein Opfer Gottes, noch ein Opfer der sogenannten Karmatheorie. Das sind alles nur Tricks, Strategien, um das ewige Gesetz des Lebens nicht erkennen zu müssen.

Wenn ihr leidet, versucht ihr, Ausreden dafür zu finden. Ihr habt eine große Auswahl an schönen Ausreden. Jemand sagt: „So hat Gott es gewollt, was kann man also machen? Man muss sich fügen. Man hat es nicht in der Hand. Der Mensch ist machtlos und Gott ist allmächtig. Was kann man machen? Es bleibt einem nur, entweder heiter zu leiden oder verdrossen zu leiden. Leiden muss man sowieso: Also leidet man besser so heiter wie möglich, und möglichst ohne zu grollen und zu klagen. Man kann nicht mehr tun, als sein Leid zu akzeptieren. Man kann freilich auch heulen und zetern, aber dadurch ändert sich nichts. Da ist nichts zu machen."

Diese Ausrede hilft den Leuten. Dann können sie so weitermachen wie bisher. Sie vergessen, dass sie sehr wohl etwas ändern können.

Ein Mensch wie Buddha erklärt, dass der Mensch frei ist. Das ist der größte Beitrag, den der Buddhismus zum menschlichen Bewusstsein und zur Geschichte des menschlichen Bewusstseins geleistet hat; dass der Mensch absolut frei ist: Menschsein heißt, frei zu sein.

Es gibt keinen Gott, der euch programmiert; es gibt überhaupt keine Programmierung. Ihr programmiert euch selbst; jeder ist ein Selbstprogrammierer.

Es gibt noch andere Ausreden. Manche glauben nicht an Gott, sondern ans Karma: Man leidet, man quält sich ab, und man sagt sich: „Was kann ich machen? Schuld ist mein Karma aus meinen letzten Leben; jetzt muss ich dafür büßen." Das ist leichter zu akzeptieren; das ist ein Trost. Das beruhigt ein wenig, erleichtert das Leben ein wenig. Sonst wäre es zu schwer, wäre es unmöglich, wäre es unerträglich.

Aber sobald ihr euch damit abfindet, dass euer Leben irgendwie vorherbestimmt ist, ob von Gott oder vom Karma – Karma ist ja auch eine Art Gott –, läuft es auf dasselbe hinaus, da ist kein Unterschied, nur anders formuliert! „Was kann ich schon tun? Ich habe mich in meinem früheren Leben versündigt, das ist jetzt nicht mehr rückgängig zu machen; also muss ich die Zähne zusammenbeißen und einfach durchhalten und das Beste hoffen."

Irgendwie tröstet man sich damit, dass früher oder später alles gut werden wird. Das ist der Grund, warum die Menschen so unglücklich sind – wegen ihrer Ausreden. Wie kann man denn auch, wenn man eine Erklärung für sein Unglück gefunden hat, noch etwas daran ändern? Wenn einem eine bestimmte Erklärung hilft, alles so zu akzeptieren, wie es ist, dann ist jede Transformation ausgeschlossen. Doch alle Theorien und Tröstungen sind nur Beruhigungspillen, tödliches Gift.

Du allein bist für dein Leben verantwortlich, der einzige Schöpfer deines Lebens – du allein bestimmst es. Du hast es jeden Moment in der Hand. Du brauchst nur die Augen aufzumachen und hier und da ein paar Veränderungen vorzunehmen, und diese Veränderungen werden dir helfen, achtsamer zu werden.

Wenn du irgendwann einmal wieder so unglücklich bist, setz dich still hin, entspanne dich und fang einfach an zu genießen. Mach einfach genau das Gegenteil: Statt dem Unglück auf den Leim zu gehen, versuche es mal mit einem Lächeln! Anfangs wird es aufgesetzt wirken. Sei einfach euphorisch, selig! Wiege dich etwas in den Hüften, so als wäre dir nach Tanzen zumute, und plötzlich stellst du fest, dass das, was dir eben noch fast geheuchelt vorkam, allmählich authentisch wird.

Dein Unglück ist wie weggeblasen; es hat keine Gewalt mehr über dich – irgendetwas hat sich verändert – plötzlich musst du lachen! Aus alter Gewohnheit wirst du sagen: „Bist du verrückt? Was ist in dich gefahren? Das spottet doch jeder Philosophie und Metaphysik! Sei wieder der alte! So was gehört sich nicht. Du lügst dir die Hucke voll. Du musst ja unglücklich sein! Mach dir nichts vor, zieh keine Schau ab!"

Dein Verstand wird alles tun, um dich wieder rumzukriegen. Lass dich nicht beirren, sag: „Die Karmatheorie kann mir gestohlen bleiben. Ich bin mal kurz vom Rad des Schicksals abgesprungen und mache genau das Gegenteil!" Fang an zu tanzen, zu singen ... und dann wird dir überrascht eine große Wahrheit aufgehen: dass es sich ändert, dass sich das Wetter ändert, dass sich die Wolken lichten und die Sonne durchbricht und du ein anderer Mensch bist!

Und wenn du mal ganz heiter bist, mach es einfach nur umgekehrt: Werde völlig grundlos betrübt – aus keinem anderen Grund, als unglücklich zu werden. Anfangs wird es zwar nur gespielt sein, doch schon bald wird es dir ernst damit sein; du spielst ja ohnehin immer nur Theater – also kannst du jederzeit die Rolle wechseln.

Was ihr authentisches Leben nennt, ist allenfalls nur ein Rollenspiel. Vielleicht habt ihr die Rolle lange eingeübt, aber es ist eine Rolle. Also kann man auch in eine andere schlüpfen. Und sobald ihr gelernt habt, aus einer Rolle in die andere zu schlüpfen, erkennt ihr eure Freiheit: Ihr seid nicht mit euren Rollen identisch!

Die Aufgabe eines Meisters besteht darin, euer ganzes Rollenspiel zu zerstören, damit ihr eure Freiheit spürt: Ihr seid frei, absolut frei. Erfahrt eure Freiheit und steigt nach und nach aus eurem alten Trott aus.

Folgende Geschichte …

Ein alter Englischprofessor wurde gebeten, einen Vortrag über die „Philosophie des Lebens" zu halten. Der berühmte Mann aber wünschte den Titel leicht abzuändern und sagte: „Es sollte besser die ‚Grammatik des Lebens' heißen." Er war halt ein Linguist, dachten diejenigen, die ihn eingeladen hatten, und willigten ein: „Kein Problem, ob Philosophie des Lebens oder Grammatik des Lebens, das ist doch gehupft wie gesprungen."

Und wisst ihr, wie der Professor seinen Vortrag begann? Er sagte: „Lebt im Indikativ statt im Passiv: Kümmert euch um das, was ihr machen könnt, statt um das, was ihr erleidet.

> Lebt im Präsens statt im Konjunktiv: Befasst euch mit dem, was da ist, statt dem, was da sein könnte.
> Lebt in der Gegenwart: Tut eure tägliche Pflicht, statt der Vergangenheit nachzutrauern oder euch den Kopf über die Zukunft zu zerbrechen.
> Lebt in der ersten Person: Kritisiert euch selbst, statt anderen ihre Fehler nachzuweisen. Lebt in der Einzahl: Sucht die Billigung eures eigenen Gewissens, statt den Beifall der Masse. Und wenn ihr ein Verb konjugieren wollt, beginnt am besten mit dem Verb ‚lieben'."

Dies ist seine Grammatik des Lebens! Offenbar hat er sein Leben lang nur Grammatik und nichts als Grammatik gelehrt; er kann nicht anders, als in den alten Bahnen zu denken … Genauso festgefahren seid auch ihr, steckt ihr in alten Gewohnheiten fest. Kein Karma fesselt euch, oder falls ihr ein Karma habt, dann das, Gewohnheitstiere zu sein. Nur das, was ihr seit eh und je ständig wiederholt, bestimmt euer Leben, gibt den Ausschlag.

Doch man kann seine Gewohnheit aufgeben. Man mag schon seit dreißig Jahren geraucht haben, aber man kann auch die Zigarette, die man soeben angesteckt hat, halb geraucht ausdrücken und nie wieder eine Zigarette anrühren. Ihr seid frei. Wenn ihr etwas nicht aufgeben könnt, heißt das nur, dass ihr es nicht aufgeben wollt. Wer fragt: „Wie werde ich diesen Fluch los?", sagt im Grunde: „Ich klammere mich an meine verfluchte Gewohnheit." Er betrügt sich selbst.

Es kommen Leute zu mir und sie fragen immer: „Wie werd ich nur dieses und jenes los?" Und ich bin fassungslos, da sie sich ja selbst darauf festgelegt haben – es ist sonst niemand da. Sie könnten sich genauso leicht wieder davon lösen. Sie brauchen mehr Energie, um sich daran zu klammern, als nötig wäre, um es aufzugeben. Doch eines haben sie vergessen – und zwar, dass sie frei sind.

Die Botschaft der Buddhisten ist Freiheit; Freiheit von Gott, Himmel und Hölle. Frei zu sein von Angst, der Zukunft, sich zu befreien von all diesen Erklärungen, die die Menschheit seit Jahrhunderten belasten und unter der sie zusammenbricht.

> Ich habe gehört …
> Ein Rationalisierungsfachmann wird von sechs Sargträgern zu Grabe getragen. Kurz vorm Grab wird der Sargdeckel aufgeklappt, der Tote richtet sich auf und ruft: „Warum setzt ihr dieses Ding hier nicht auf Räder? Dann bräuchtet ihr vier Mann weniger!"

Nichts als lebenslange Gewohnheit … ein Rationalisierungsfachmann bleibt ein Rationalisierungsfachmann.

Lacht nicht, denn ihr macht es ganz genauso. Ihr lebt in Gewohnheiten, ihr werdet mit ihnen sterben, und eurer Gewohnheiten wegen verfehlt ihr das wahre Leben.

Das wahre Leben besteht aus Freiheit. Sobald ihr wisst, dass ihr frei seid, braucht ihr keine Entscheidungen mehr zu treffen, könnt ihr beschließen, nichts zu entscheiden. Ein solcher Zustand wird Buddaschaft genannt.

Vergänglicher und illusorischer als auf Wasser geschriebene Ziffern - vom Buddha im Jenseits Glückseligkeit zu erwarten.

Dies ist ein wichtiges Sutra. Doch eins nach dem anderen … Zunächst: Es ist töricht, den Buddha um Hilfe zu bitten; aus drei Gründen. Erstens: Er kann nicht. Zweitens, selbst wenn er könnte, wollte er nicht. Drittens: Wir brauchen keine Hilfe, da wir alle schon Buddhas sind.

Die Zen-Leute sagen, es sei aus diesen drei Gründen töricht, einen Buddha um Hilfe zu bitten. Erstens, er kann nicht. Wieso nicht? Weil ihr von seiner Warte aus gar keine Hilfe braucht. Von seiner Warte aus macht ihr euch einfach nur lächerlich: Ihr seid gar nicht unglücklich! Statt euch behilflich zu sein, würde er euch lieber auslachen – auch wenn er nicht lacht. Das erspart er euch freundlicherweise, aber nur, um euch nicht unnötig zu beleidigen.

Doch im Grunde ist von Buddhas Warte aus all euer Unglück dumm. Das ist so, als wärt ihr in einem brennenden Haus – bei offenen Türen und Fenstern, durch die ihr rausspringen könnt; ihr aber sitzt da und ruft: „Hilfe! Wie komm ich raus aus diesem brennenden Haus? Bring mir Landkarten, Retter; zeig mir Mittel und Wege, wie ich rauskomme!" Das Haus brennt, und ihr bleibt einfach nur drinnen stehen. Türen und Fenster sind offen, ihr könnt jederzeit rausgehen. Die ganze Situation ist lächerlich. Ein Buddha weiß, dass ihr alle Buddhas seid. Sobald ein Mensch erleuchtet wird, ist für ihn die ganze Welt erleuchtet. Dann wird alles durchsichtig – er erkennt eure Ewigkeit, er erkennt eure ewige Reinheit, er erkennt die verborgene Quelle in euch, eure Göttlichkeit. Und während ihr zetert und schreit, überblickt er euren Schatz und euer Reich – ihr aber bettelt, bettelt um Hilfe!

Der Buddha kann euch deswegen nicht helfen, weil er sieht, dass euer Unglück nur Einbildung, eine Illusion ist. Und er kann euch auch aus einem anderen Grund nicht helfen: Als Meister hat er kein Ego mehr, existiert er nicht mehr als Person. Es ist niemand mehr in ihm; ein Buddha ist reine Leere.

Wer soll euch da helfen? Ihr könnt aus ihm zwar jegliche Hilfe schöpfen, die ihr braucht, aber es ist niemand da, der euch helfen kann. Um es klipp und klar zu sagen: Ein Buddha kann zwar mit euch seine Energie teilen, ihr könnt so viel von seiner Energie verinnerlichen wie nur möglich, ihr könnt ihn essen und trinken, könnt euch an ihm berauschen, er jedoch kann von sich aus gar nichts tun – die Tür existiert nicht mehr.

Ein Buddha steht einfach nur offen. Der Meister bleibt im Satsang zugänglich – mit seiner Präsenz oder vielmehr Absenz. Ihr könnt euch bei ihm bedienen, so viel ihr wollt; ihr könnt euch, wenn ihr ihm euer Herz öffnet, bis ins Innerste von seiner Präsenz durchdringen lassen. Aber das hängt ganz von euch ab. Ja, ihr könnt euch am Buddha sehr wohl bedienen, aber der Buddha kann euch nicht helfen. Vonseiten des Buddha ist jegliche Aktivität ausgeschlossen.

Wenn ihr manchmal zu mir kommt und fragt: „Osho, kannst du mir helfen?", macht ihr es mir damit schwer. Sage ich Ja, wär das gelogen. Sage ich Nein, seid ihr verletzt, findet ihr mich unfreundlich, lieblos. Dabei bin ich in Wirklichkeit offen für euch: Ihr könnt euch an meiner Präsenz bedienen, euch selber helfen; aber tun kann ich nichts.

Der Meister ist ein Katalysator. Seine Präsenz kann zwar etwas in euch auslösen, aber er kann nicht aktiv werden, kann nicht initiativ werden, kann nicht manipulieren, kann euch weder eine Disziplin noch einen Charakter aufzwingen, noch kann er von euch verlangen, dass ihr euch ändert. All diese Gewalt ist verschwunden. Gewalt ist ein Ego-Schatten. Indem sich sein Ego auflöst, löst sich alle Gewalt auf. Darum ist ein Wohltäter für mich kein guter Mensch.

Hütet euch vor jedem, der es auf euch abgesehen hat und euch ändern will. So jemand, der euch nach seinen Vorstellungen umkrempeln will, ist ein Egoist. Er ist gefährlich, er wird euch zerstören statt euch zu helfen. Er wird euch zurechtschnippeln und alles in euch umstellen. Er hat einen Plan dabei, eine bestimmte Vorstellung, die er umsetzen will. Ihr seid ihm egal. Er hat nur seine Vorstellung im Kopf; ihr seid für ihn nur ein Spielzeug.

Ihr braucht euch nur anzusehen, was eure Mahatmas machen. Sie schreiben euch vor, wie ihr zu leben habt, sie zwingen euch irgendwas auf: „Dies müsst ihr tun, das dürft ihr nicht tun. Wenn ihr dies tut, werdet ihr belohnt, wenn ihr jenes meidet, werdet ihr belohnt. Wenn ihr gehorcht, kommt ihr ins Paradies; wenn nicht, landet ihr in der Hölle."

Solche Leute sind gefährliche Leute. Sie sind Politiker – und kein bisschen religiös. Sie sind nur darauf aus, andere zu verändern; das macht ihnen Spaß. Aber Menschen sind keine Dinge.

Ein Mensch ist keine Leinwand, man kann ihn nicht so bemalen, wie man will. Der Mann ist göttlich, die Frau ist göttlich; jeder Mensch ist göttlich. Wer darf einen Menschen verändern? Schon der Gedanke, jemanden ändern zu wollen, ist Gotteslästerung, ist Sünde.

Viele Leute kommen zu mir und sagen: „Warum schreibst du deinen Sannyasins nicht vor, wie sie sich zu verhalten haben?" Wer bin ich, meinen Sannyasins Vorschriften zu machen? Ich steh ihnen offen: Sie können sich nehmen, was sie wollen; das ist ihre Wahl und ihre Freiheit. Ich bin nur hier, um eines zu lehren: Freiheit. Ohne jede Einmischung. Wenn sie ihr weltliches Leben weiterführen wollen, bitte sehr. Wenn sie die Welt satt haben – bitte sehr. Ich bin mit allem einverstanden. Aber der höchste Wert ist die Freiheit.

Man darf einen Buddha nicht um Hilfe bitten. Er *ist* Hilfe, aber eine passive Hilfe – nur eine Präsenz, eine Tür … man kann zwar hindurchgehen, aber die Tür kann euch nicht selber hindurchzerren. Macht euch das bitte klar.

Wenn ihr bei einem wahren Meister seid, wird er euch nirgendwo hinhaben wollen. Er lässt euch in seiner Präsenz baden, er steht euch auf tausenderlei Art und Weise offen, aber er gibt euch die Freiheit zu wählen, die Freiheit, zu sein, was ihr wollt. Seine Präsenz ist nicht aktiv – kann es nicht sein. Alles Handeln ist gewalttätig. Seine Präsenz ist passiv. Aus drei Gründen also ist es nicht möglich.

Ikkyu sagt:

Vergänglicher und illusorischer als auf Wasser

geschriebene Ziffern – vom Buddha im Jenseits Glückseligkeit zu erwarten.

Zweitens: Er würde euch deshalb nicht helfen, weil alles, was ihr von außen bekommt, nicht Teil eures ewigen Wesens werden kann. Selbst ein Buddha kann euch die Wahrheit nicht überreichen, da die Wahrheit nichts ist, was man euch geben oder nehmen kann, sondern eine Erfahrung, die in euch heranwächst.

Der Buddha ist für euch eine Chance, aufzublühen. Doch er kann euch weder etwas geben noch übertragen. Es gibt Dinge, die sich nicht übertragen lassen. Sie entstehen nur; sie wachsen heran. Sie sind keine Waren; sie entstehen so, wie sich ein Duft in einer Blume bildet. Die Wahrheit ist euer Duft. Selbst wenn er will, wird euch ein Buddha nicht helfen; weil alles, was man von außen bekommt, genau deswegen unwahr wird, weil es von außen kommt – nicht das wahre Geschenk ist.

Das wahre Geschenk muss *in euch* heranreifen; *ihr* müsst es gebären – aus euch heraus. Allenfalls kann der Meister eine Hebamme sein.

Genau das behauptet Sokrates von sich: eine Hebamme zu sein. Das Kind wächst im Mutterschoß heran, die Hebamme kann nichts anderes tun, als die Geburt so angenehm, so schmerzlos wie möglich zu gestalten. Das ist die Aufgabe eines Meisters. Was da in euch heranwächst, ist das Göttliche. Der Meister kann darauf achten, dass diese Geburt komfortabel, mit möglichst wenig Schmerzen vonstatten geht – so heiter und festlich wie möglich.

Drittens kann er deshalb nicht helfen, weil er sieht, dass wir gar keine Hilfe brauchen. Wir brauchen lediglich um unsere Freiheit zu wissen ... sowie um das unumstößliche Gesetz, dass die Wirklichkeit nur erdacht ist, dass wir sie geschaffen haben, dass jeder ein Schöpfer ist.

Glaubt keinen einzigen Augenblick, Gott habe die Welt erschaffen. Ihr habt eure Welt erschaffen; und es gibt nicht nur eine Welt, sondern so viele Welten, wie es hier Menschen gibt. Du lebst in deiner Welt, deine Frau lebt in ihrer. Darum stoßt ihr zusammen – diese beiden Welten stoßen ständig zusammen. Da sie sich überschneiden, können sie nicht anders. Du magst das eine, deine Frau mag etwas anderes. Daher der Streit, daher stoßen diese beiden Welten ständig zusammen: „Wie denn nun – so oder so?"

Über Geschmack lässt sich nicht streiten. Ihr seid zwei Welten, die zusammen leben, sich überschneiden, einander behindern; daher der Streit. Du würdest gern diesen Film sehen, sie will aber einen anderen sehen – über Geschmack kann man nicht streiten. Wir leben nicht auf derselben Welt. Es gibt so viele Welten, wie es Menschen gibt.

Ein Buddha ist jemand, der diese Wahrheit erkannt hat. Er sieht, dass er diese Welt erschaffen hat – und er hat ihr den Rücken gekehrt, hat aufgehört zu erschaffen. Ein Buddha lebt auf der Welt, ohne eine Welt.

Das bedeutet es, ein Buddha zu sein: Er lebt auf dieser Welt, hat aber keine Welt mehr. Er lebt zwar auf der Welt, aber die Welt berührt ihn nicht. Die von ihm erschaffene Welt existiert nicht mehr. Seine Leinwand ist leer. Er ist kein Schöpfer mehr, er projiziert keine Träume mehr.

Wer sich einem Buddha nähert, der nähert sich der Leere – das macht Angst. Davor graut einem.

Wenn man einem Buddha in die Augen schaut, wird man völlige Leere, einen Abgrund spüren. Er wird das Gefühl haben: „Wenn ich da reinfalle, werde ich ins Bodenlose fallen. Da kommt gar kein Boden. Er hat keinen, da gibt es keinen Boden, sondern nur ewige Leere, in die man fällt und fällt und fällt. Du wirst verschluckt, ohne je ihren Grund zu erreichen."

Der Buddha kann dir nicht helfen, weil er sieht, dass du nur träumst. Das ist, als würdest du einschlafen und von großen Gefahren träumen: Ein Tiger verfolgt dich und du schreist, und im Traum rufst du um Hilfe. Und neben dir sitzt jemand, der wach ist.

Was soll er eurer Meinung nach tun? Sollte er versuchen dir zu helfen? Dann wäre er genauso dumm wie du; dann würde er genauso schlafen wie du, wenn nicht tiefer. Er wird lachen. Er weiß, dass gar kein Tiger da ist; dass er nur in deiner Einbildung, in deiner Vorstellung existiert. Das mag ihn amüsieren. Du aber leidest. Dein Tiger mag nur Einbildung sein, aber dein momentanes Leid scheint echt zu sein: du weinst, du schlotterst und zitterst am ganzen Leib.

Was sollte der Wache tun? Er kann dich nicht vor dem Tiger retten, da überhaupt kein Tiger da ist. Aber er kann eines tun: Er kann dich wachrütteln. Deswegen sind diese Sutras von Ikkyu so deprimierend, dass ihr traurig werdet.

Eine Frau hat mir geschrieben; ihr Bruder und seine Frau ist hier, und sie schreibt: „Osho, als sie das letzte Mal hier waren, hast du über die Sufis gesprochen, und sie waren von deinen Diskursen wie elektrisiert; darum sind sie wiedergekommen. Und jetzt plötzlich diese Ikkyu-Sutras – sie sind traurig und machen traurig!“ Sie bittet mich, etwas zu tun, damit ihre Besucher hier nicht so traurig werden. Tut mir leid: Bei Ikkyu werde ich zu Ikkyu.

Dabei ist diese Traurigkeit geradezu unschätzbar. Ihr seid nicht hier, um unterhalten zu werden. Ihr seid hier, um erleuchtet zu werden. Nichts gegen Unterhaltung – wenn ihr glaubt, die zu brauchen, okay; aber dann habt ihr eine einmalige Chance versäumt.

Was ihr braucht, ist die Erleuchtung. Und bevor man aufwacht, muss man in sich durch viele traurige Schichten hindurch. In euch gibt es Schichten über Schichten von verdrängter Traurigkeit – denn ihr habt nie traurig sein wollen, seid immer nur ausgewichen. Ein Buddha führt euch all eure Traurigkeit vor Augen; denn er fühlt sich nicht eurem Schlaf und euren Träumen verpflichtet. Mag sein, dass ihr manchmal süße Träume habt, aber ein Traum ist ein Traum, ob süß oder bitter. Er mag noch so unterhaltsam sein, er ist ein Traum und damit Zeitverschwendung. Die Wahrheit mag nicht sehr unterhaltsam sein, aber sie erleuchtet euch. Und sobald ihr die Wahrheit erkannt habt, erschließt sich eurem Leben eine völlig neue Dimension. Und zwar ist das die Dimension der Glückseligkeit.

Und passt auf, dass ihr Glückseligkeit nicht mit Glück verwechselt; denn das, was ihr Glück nennt, ist auch nur Unterhaltung. Was ihr Glück nennt, ist nichts als Vergnügen, Aufregung, Spannung. Glückseligkeit ist mit Frieden, Schweigen, Stille, Ungestörtheit verwandt.

Sie enthält weder Schmerz noch Genuss. Und um diesen Zustand der Einheit geht es Buddha. Und wenn man, um dorthin zu gelangen, seine Traurigkeit überwinden muss, lohnt sich das. Da ist jeder Preis recht ... Denn die Erkenntnis, die euch erwartet, ist jenseits aller Werte; sie ist jenseits eures Fassungsvermögens.

Der Weg des Buddhas ist der Weg des Erwachens. Aber wach werden könnt ihr nur, wenn ihr euch das ganze Ausmaß eurer Traurigkeit eingesteht. Wer würde sonst wach werden wollen? Man muss euch eure Traurigkeit, eure Hölle vor Augen führen. Man muss euch euren Tod und eure Krankheit vor Augen führen, sowie all die Qualen, die ihr hinter euch habt und die euch noch bevorstehen.

Um all dies führt kein Weg herum.

Ich habe gehört ...

Ein Broadway-Regisseur hatte die in der Werbung des Showbusiness üblichen Übertreibungen so satt, dass er in seinem Vertrag auf einer Klausel bestand, die ihm das Recht gab, jegliche Werbung für sein neues Stück abzusegnen. Scharen von Textern fabrizierten Anzeigen, die von der geforderten Ehrlichkeit und Aufrichtigkeit nur so strotzten. Keiner machte das Rennen.

Schließlich legte ihm einer folgenden Entwurf vor: „Endlich ein Stück, das die Dramatik eines Shakespeare, den Witz eines Rostand, die Kraft eines Tennessee Williams, die Brillanz eines Marlowe und die komplizierte Handlung eines Dickensromans in sich

vereint. Dieses Stück stellt Hamlet und die Bibel in den Schatten und ist dazu bestimmt, ewig zu leben!"
„Das isses!", rief der Regisseur! „Null Übertreibung! Einfach nur die reine Wahrheit!"

Ihr lebt in einem Klima übertriebener Hoffnung, der nur durch übertriebene Traurigkeit beizukommen ist. Der Gegenpol gehört dazu. Ihr verdeckt sämtliche Wunden; Buddha würde sie lieber alle bloßlegen. Natürlich mag das keiner. Der Anblick der eigenen Wunden tut weh. Plötzlich findet man sein Leben ausgesprochen schmerzhaft und wird lebensmüde. Wozu noch weiterleben? Man erwägt Selbstmord. Genau an diesen Punkt will Buddha euch bringen. Denn erst wenn ihr beginnt an Selbstmord zu denken, wird Sannyas möglich, vorher nicht. Erst wenn euch das ganze Leben sinnlos erscheint, konzentriert sich eure Energie nur noch auf einen Punkt: Jetzt nämlich gilt es, nach einem anderen Sinn zu suchen. „Dieses Leben ist gescheitert, und zwar restlos. Wo finde ich aber ein anderes Leben? Ich habe immer nur irgendwo da draußen gesucht, und alles war nur Traurigkeit und Seelenqual. Jetzt muss ich in mich gehen, eine Kehrtwende von 180 Grad machen."

Darum kommen dir diese Sutras so traurig vor. Sie lenken die Aufmerksamkeit darauf, wie es wirklich um euer Leben bestellt ist.

Vergänglicher und illusorischer als auf Wasser geschriebene Ziffern – vom Buddha im Jenseits Glückseligkeit zu erwarten.

Buddha ist am Hier-und-Jetzt interessiert – ja, ihn interessiert gar nichts anderes. Er möchte, dass ihr hierjetzt aufwacht. Ihr aber bedrängt ihn mit Fragen wie „Ist die Seele unsterblich? Gibt es ein Leben nach dem Tod? Was kommt nach dem Tod? Wohin gehen die Menschen?"

Über solche Fragen lachte Buddha immer nur und ignorierte sie einfach. Ja, sobald er irgendwo ankam, schwärmten seine Schüler aus und verkündeten allen Bewohnern: „Die folgenden elf Fragen dürft ihr Buddha nicht stellen ..." Und zwar die metaphysischen Fragen über das Leben nach dem Tod, Gott, Himmel und Hölle, Karma und dergleichen Unsinn.

Buddha sagte immer: „Befragt mich nur zu Dingen, die dringend geklärt werden müssen. Lasst mich die Antwort darauf sein." Aber so etwas mögen die Leute nicht fragen, die meiden sie eher. Es geht euch zwar schlecht, aber stattdessen fragt ihr: „Was passiert nach dem Tod?"

Zu mir kommen Leute, die sagen: „Was passiert nach dem Tod?" Dann erwidere ich: „Fragt lieber, was vor dem Tod passiert." Das interessiert sie aber nicht. Vor dem Tod? Komische Frage! Ich will wissen, was nach dem Tod passiert! Wenn ihr nicht sehen könnt, was jetzt passiert – und es auch gar nicht sehen wollt! –, wird alles beim Alten bleiben und sich nie etwas ändern. Jemand will wissen: „Ich frage mich seit frühester Kindheit, wie sich ein Stein fühlen mag. Wie fühlt es sich in einem Stein an?"

Frage zuerst, wie es sich anfühlt, ein Mensch zu sein. Du bist zwar selber einmal ein Stein gewesen, nur wolltest du, da bin ich mir sicher, damals unbedingt wissen, wie es sich anfühlt, ein Mensch zu sein! Jetzt, da du ein Mensch bist, willst du unbedingt wissen, wie es sich anfühlt ein Stein zu sein. Willst du eigentlich jede günstige Gelegenheiten verpassen?

Übrigens ist da kein Unterschied. So, wie es sich im Moment in dir anfühlt, fühlt es sich in allem anderen an. Das Innere ist überall dasselbe, nur das Äußere ist verschieden. Der eine ist äußerlich eine Frau, der andere ist äußerlich ein Mann; innerlich ist jeder weder ein Mann noch eine Frau. Und die Frau ist dem Mann ein ewiges Rätsel. Selbst eure größten Männer – angeblich größten – haben ständig versucht, das Mysterium der Frau zu enträtseln: „Wie fühlt es sich an?" Dabei sieht es in ihnen genauso aus; sogar in einem Stein.

Das Innere ist immer gleich, nur das Äußere – das Drumherum, die Gestalt und die Form – ist verschieden. Das Innere ist göttlich. Das Innere von allem ist göttlich.

Aber diese Fragen! Stellt euch vor: Da zerbricht sich einer seit frühester Kindheit den Kopf darüber – offenbar ist er besessen! –, wie es sich in einem Stein anfühlt. Aber darauf, sich die Frage zu stellen: „Wie fühlt es sich im Moment in mir selber an?", ist er noch nie gekommen.

Buddha interessiert sich für das Unmittelbare, das, was ansteht. Befasst euch mit dem Hier und Jetzt; befasst euch mit eurer Wirklichkeit und macht die Augen auf. Und das, was ihr dann erkennt, wird all eure Probleme lösen. Dazu ist keine Metaphysik nötig, Meditation genügt vollauf.

Buddha wurde ständig gebeten, den Leuten im nächsten Leben zu helfen. Dabei stand er direkt vor ihnen, bereit, sie zu transformieren. Doch wer will schon sofort transformiert werden – wo es doch tausend andere Dinge zu erledigen gibt.

Ihr stellt euch vor, dass ihr, wenn das Leben vorbei ist und ihr alles Schöne im Leben ausgekostet habt und im Grab liegt, endlich dazu kommen werdet zu meditieren. Dann könne man über all die wichtigen Dinge nachdenken, wozu man jetzt leider nicht kommt. Im Moment gibt es dafür viel zu viel zu tun – lauter interessante Sachen. Buddha kann euch schon deswegen nicht in der Zukunft helfen, weil es für ihn keine Zukunft gibt.

Für einen Buddha gibt es nur die Gegenwart. Er kann auch nichts an eurer Vergangenheit ändern, da es die gar nicht gibt. Es gibt immer nur dieses Jetzt.

Schon jetzt hängt über dem Herzen keine Wolke;
und kein Berg ist da,
hinter dem sich der Mond verbergen kann.

Wenn ihr das sehen könnt, und wenn ihr euch sofort auf alles einlassen könnt, was im Moment in euch ist, stellt ihr überrascht fest: Schon jetzt hängt über dem Herzen keine Wolke, und kein Berg ist da, hinter dem sich der Mond verbergen kann. Dann ist dort alles klar! Genau in diesem Augenblick! Nur ihr seid nicht da. Dort herrscht Klarheit – einfach nur Klarheit, transparente Kristallklarheit, und so ist es seit Beginn der Zeit schon immer gewesen.

Eure innere Reinheit ist unantastbar, sie kann gar nicht verunreinigt werden. Das ist wie wenn jemand schläft: Man kann ihn jederzeit wachschütteln. Noch im Schlaf blieb seine Fähigkeit erhalten aufzuwachen. Sie war da, gleichsam unterirdisch; darüber lag vielleicht eine Schicht von Schlaf, von Träumen, doch tief drunten war er wach. Wie sonst wäre er durch ein bloßes Schütteln aufgewacht?

Kaum klingelt ein Wecker oder ruft jemand seinen Namen, schon schlägt er die Augen auf und fragt: „Wer ruft mich?" Er hatte tief geschlafen und war völlig von irgend einem Traum gebannt. Aber ein Etwas war immer noch wach. Dieses Etwas verliert nie seine Bewusstheit. Dieses Etwas schaltet niemals ab. Ihr könnt euch noch sosehr in Gedanken verlieren ... Gedanken sind Träume.

Euer Kopf ist geistesabwesend, doch das Herz bewahrt seine Klarheit. Der Kopf freilich hält euch zum Narren: Fünfzigtausend Gedanken gehen euch täglich durch den Kopf, ein regelrechter Stoßverkehr rund um die Uhr. Und wenn es schon beim normalen Durchschnittsmenschen fünfzigtausend Gedanken sind, wie sieht es dann erst bei den Neurotikern und den Philosophen und Denkern aus?

Von den Wahnsinnigen ganz zu schweigen. Von denen ist hier nicht die Rede, sondern nur vom Durchschnitt.

Wer vermag bei solchen Gedankenmassen einen klaren Kopf zu behalten? Bei solchen Wolkenmassen noch die Sonne zu sehen? Aber tief in euch gibt es einen Fleck, eine Quelle der Klarheit – euer Herz. Entschlüpft eurem Kopf und lasst euch hinunter ins Herz fallen – und schon seid ihr bewusst:

Schon jetzt hängt über dem Herzen keine Wolke ...

Denn durch das Herz zieht kein einziger Gedanke. Der Denkapparat befindet sich im Kopf – und im Herzen der Achtsamkeitsapparat. Das Herz ist immer achtsam. Darum hat alles, was von Herzen kommt, eine gewisse jenseitige Schönheit oder Anmut. Es hat etwas Göttliches, und sei es auch noch so klein: Gott genügt eine winzige Geste, um sich zu offenbaren. Dagegen ist alles, was eurem Kopf entspringt, nur berechnet, List und Tücke, und allenfalls platt und abstoßend.

Schon jetzt hängt über dem Herzen keine Wolke,
und kein Berg ist da,
hinter dem sich der Mond verbergen kann.

Dort ist alles klar. Und obwohl euch beide Zustände offenstehen, stellt ihr euch irgendwie nur an die Straße und setzt euch ihrem Verkehr und Lärm aus. Macht, dass ihr raus aus eurem Kopf und rein in euer Herz kommt. Denkt weniger, fühlt mehr. Lasst die Gedanken sausen; empfindet mehr und mehr. Achtet mal auf den Unterschied: Ihr legt damit praktisch nur einen anderen Gang ein.

Wenn ihr vor lauter Gedanken das Vogelgezwitscher nicht hören könnt, legt einen anderen Gang ein, und schlagartig ist alles anders; dabei ändert sich nur der Fokus: Statt auf eure Gedanken zu achten, singen plötzlich sämtliche Vögel, blühen die Blumen, scheint die Sonne durch die Bäume und wirbelt der Wind das welke Laub auf …

Ihr braucht nur umzuschalten. Mehr braucht ihr nicht zu tun. Daher muss jeder, der wirklich aufwachen möchte, bemüht sein, insgesamt empfindsamer zu werden – mehr zu fühlen, mehr zu berühren, mehr zu sehen, zu hören, zu schmecken. All eure Mahatmas haben eure Sinne immer nur abgestumpft. Sie haben euch alles verboten: „Es darf euch nicht schmecken, Geschmack verdirbt euch." Musik war verboten: „Hört keine Musik; sie ist zu sinnlich." Und weil ihr euch all euren Sinnen verschlossen habt, fühlt ihr nichts mehr; denn Gefühle leben nur von der Nahrung eurer Sinne.

Folglich reibt sich ein Neuankömmling die Augen, wenn er sieht, dass sich hier die Leute umarmen, Händchen halten, zusammen tanzen und singen; denn seines Wissens hat ein Ashram eine Art Friedhof zu sein, wo lauter Tote unter den Bäumen sitzen, verblödet, gefühllos, ständig nur ihren Rama-Rama-Rama-Singsang leiernd – denn der soll ja nur als eine Art Eiapopeia all ihre Sinne einschläfern.

Wenn ihr wach sein wollt, müsst ihr feinfühlig sein. Ihr müsst all euren Sinnen gestatten, zu einer Flamme zu werden. Dann beginnt das Herz zu leben. Dann entfaltet sich die Lotusblüte des Herzens – und dann wird es keine Verwirrung mehr geben.

> Auf unserem Weg durch diese Welt von Geburt und Tod
> haben wir keinen Begleiter.
> Einsam sterben wir, allein werden wir geboren.

Verirrt euch nicht allzu sehr in die Beziehungswelt; denn sich beziehen heißt träumen. Vergesst nicht, dass ihr absolut allein seid.

Einsam sterben wir, allein werden wir geboren.

Und dieses Leben ist nur eine Herberge für eine Nacht. Seid nicht allzu identifiziert mit ihm, nehmt es nicht allzu wichtig. Wer in einer Herberge übernachtet, richtet sich in ihr nicht häuslich ein. Er bleibt eine Nacht lang und weiß, dass er am Morgen weiter muss, also ist ihm die Herberge egal.

Dieses Leben ist nur eine Reise; dieses Leben ist nur eine Brücke. Überquert sie, lasst euch nicht auf ihr nieder. Bleibt auf Abstand, distanziert. Aber ihr dürft euch nicht zwingen Abstand zu halten, euch zu distanzieren. Andernfalls habt ihr mich falsch verstanden: Es muss auf Einsicht beruhen. Wenn ihr euch zwingt, tötet ihr eure Sinne; wenn es aus Einsicht geschieht, leben eure Sinne auf.

Die Flutwelle rollt weiter,
aber ergib dich, und sie wird dich tragen.

Denkt daran: Wenn ihr euch nicht identifiziert, braucht ihr weder zu kämpfen, noch euch zu behaupten. Nur diejenigen kämpfen, die sich identifizieren, weil sie feste Vorstellungen haben, was zu geschehen hat. Sie wollen der Welt eine bestimmte Form geben: Sie muss verändert werden!

Die Wände der Herberge müssen gestrichen, müssen umdekoriert werden, ein anderes Bett muss her, andere Möbel, aber am Morgen müssen sie weiterziehen! Die ganze Nacht über haben sie vor lauter Arbeit und Streit und Veränderungen kein Auge zugekriegt. Nur wer versteht und sich nicht überfordert, vertraut sich dem Leben an. Ihm ist alles recht; dann schwimmt er nicht gegen den Strom.

Die Flutwelle rollt weiter,
aber ergib dich, und sie wird dich tragen.

Wer sie zu bekämpfen beginnt, bekämpft nur sich selbst und sonst niemanden. Wer gegen das Leben ankämpft, wird immer verschlossener – natürlich, weil er sich wehrt.

Wer das Leben bekämpft, hat schon verloren, weil er damit nur seine Energie vergeudet. Wer sich nicht gegen das Leben sträubt, lässt sich von der Strömung flussabwärts tragen. Er vertraut sich ihr an, statt zu versuchen gegen den Strom zu schwimmen; er stellt sich nicht quer, sondern überlässt sich dem Leben einfach – und nur darum geht es! Dann geschieht ein Wunder: Wer das Leben nicht bekämpft, dem hilft es einfach nur, den trägt es.

Habt ihr je einen Toten auf einem Fluss treiben sehen? Was ist sein Geheimnis? Als er im Fluss ertrank, lebte er natürlich noch. Vielleicht konnte er nicht kämpfen oder nicht schwimmen und war deshalb zum Ertrinken verdammt. Er wird gekämpft haben; er wird verzweifelt versucht haben, das Ufer zu erreichen – und ertrank dabei. Jetzt, da er tot ist, trägt ihn der Fluss. Wie kommt das?

Anscheinend kannte er, als er lebte, das Geheimnis noch nicht. Jetzt weiß er Bescheid; jetzt trägt ihn der Fluss. Der beste Schwimmer ist einer, der weiß, dass er sich im Fluss wie ein Toter verhalten muss, dass er sich totstellen muss – dann trägt ihn der Fluss. Das heißt Loslassen: So zu leben, als wäre man tot – absichtslos, ohne Besitzansprüche, zu leben ohne sich an irgendetwas zu klammern, einfach nur stillvergnügt zu leben.

Wer nichts sieht, nichts sagt, nichts hört,
übertrifft selbst den Buddha.

Nur wer sich auf dem Fluss treiben lassen kann und kein Haus darauf bauen will, wird dieses Wunder erleben. Wer nichts sieht ... wird etwas sehen, das unsichtbar ist, gar nicht gesehen werden kann. Und er wird sehen, dass damit auch der Sehende verschwindet. Er wird etwas sehen können, das nicht zu sehen ist.

Dies ist die Dreifaltigkeit der Erfahrung: der Erkennende, das Erkannte und die Erkenntnis. Dies ist die Dreifaltigkeit der Erfahrung. Wenn man sich restlos entspannt, löst sie sich auf. Dann ist keiner mehr da, der erkennt, und nichts, was erkannt wird – sondern nur noch Erkennen.

Der Erkennende und das Erkannte haben sich im Erkennen aufgelöst. Alle Substantive haben sich in die Verben des Lebens aufgelöst.

Wer nichts sieht, nichts sagt ...

Es gibt eine Erfahrung, die keine ist, die man nicht „eine Erfahrung" nennen kann. Buddha verliert kein Wort über Gott – weil es falsch ist, von Gott zu sprechen, weil das hieße zu lügen, zu verfälschen, zu betrügen, Verrat zu üben ... weil es sich da um etwas handelt, das niemand je gesehen hat. Um etwas, das sich erst offenbart, wenn der Sehende verschwunden ist, nämlich um die endgültige Verschmelzung der Erfahrung mit dem Erfahrenen, die Einswerdung des Beobachteten mit seinem Beobachter. Alle Unterschiede, alle Gegensätze sind verschwunden. Wie könnte man darüber noch etwas sagen?

Deswegen sagt der Weise zwar unzählige Dinge, aber nie auch nur ein Wort über die Wahrheit. Über die ist nichts zu sagen. Er selbst ist die Wahrheit. Ihr könnt euch bei ihm bedienen, ihr könnt aus ihm trinken so viel ihr wollt, ihr könnt euch um ihn scharen – und dadurch, dass ihr ihm nahe seid, verwandelt werden. Doch über die Wahrheit lässt sich nichts sagen. Würde man aussprechen, was das *Tao* ist, wäre es nicht das wahre *Tao*. Wer die Wahrheit aussprechen würde, hätte gelogen.

> Wer nichts sieht, nichts sagt, nichts hört,
> übertrifft selbst den Buddha.

Die Buddhaschaft hat absolut alles überwunden – sogar der Buddha ist in diesem „Alles" inbegriffen. Zu einem Buddha wird nur, wer sogar seine Buddhaschaft hinter sich lässt.

Versucht, euch das klarzumachen. Wer sagt: „Ich bin zur Buddhaschaft gelangt" und sie stolz für eine Erfahrung hält, ist noch nicht angelangt, sondern gehört noch der Welt der Erfahrung an. Noch gibt das Ego den Ton an; sosehr es sich auch verleugnen mag, aber es ist da. Der wahre Buddha ist einer, der sich aufgelöst hat und keine Erfahrungen mehr macht. Das ist die letztmögliche Transzendenz, und mit diesem Transzendieren ist man Gott. Der Gott, den wir bestens zu kennen glauben, ist nicht der wahre Gott; der existiert nur in unserer eigenen Fantasie. Der Gott der Christen und der Hindus und der Buddhisten ist nicht der wahre Gott.

Der wahre Gott ist der Gott, über den noch nie auch nur ein einziges Wort gesagt worden ist. Der Gott der Bibel, der Veden und des Korans ist nicht der wahre Gott. Der wahre Gott ist einer, über dem immer ein Schweigen lag.

Unsere Götter sind unsere Erfindungen.

> Ich habe gehört …
>
> In Manhattan war eine Frau gestorben, die ihren Grundbesitz Gott vererbt hatte. Zur Testamentseröffnung hatte zur Regelung der Einzelheiten Gott zu erscheinen. Also wurde nach ihm gefahndet. Zitat aus dem Schlussbericht: „Die Fahndung blieb erfolglos. In der Stadt New York ist Gott unauffindbar."

Aber genau nach dieser Art von Gott suchen alle. Nach was für einem Gott sucht ihr denn? Man macht sich irgendein Bild von ihm … z. B. dass er wie Krishna Flöte spielt oder als riesige Christusstatue über Rio ragt oder so oder so aussieht. Und dann spielt ihr einfach nur die hohlen Rituale eurer Religion durch – die wirkliche Religion hat euch noch nicht durchdrungen. Der wahre Gott ist unvorstelllbar; der wahre Gott zeigt sich erst, wenn jegliche Einbildung aufgehört hat. Der wahre Gott ist nicht zu sehen; der wahre Gott wird erst sichtbar, wenn der Sehende nicht mehr da ist.

Der wahre Gott kann nicht zu einem Objekt werden – Gott zu einem Objekt zu machen heißt ihn zu vernichten, heißt ihn umzubringen, heißt ihn zu ermorden. Der wahre Gott zeigt sich immer nur als das Allerheiligste in euch selbst – nicht da draußen, sondern hier *drinnen*; nicht dann, sondern *jetzt*. Nicht außen, sondern innen – und „innen" auch nur für einen kurzen Moment.

Sobald sich das Göttliche gezeigt hat, löst auch euer Inneres sich auf. Dann gibt es kein Außen und Innen mehr: Alles ist eins.

Dies ist die Aufgabe eines Meisters: Euch die Augen zu öffnen für das, was sich weder sagen noch beschreiben lässt. Dazu braucht ihr eine enorme Liebe, eine enorme Zuneigung zum Meister. Nur dann werdet ihr diese unvorstellbaren Dinge, unbeschreiblichen Dinge, undefinierbaren Dinge verstehen können. Der Meister kann euch das Göttliche zwar nicht geben, aber er kann eine große Sehnsucht nach ihm in eurem Herzen entfachen.

Der junge Vertreter sitzt in der Klemme. Ein wichtiger Verkauf ist ihm durch die Lappen gegangen; dabei war der Deal praktisch schon abgemacht!
Als ihn sein Vorgesetzter zur Rede stellt, zuckt der Vertreter nur mit den Achseln und sagt: „Man kann ein Pferd zwar zur Tränke führen, aber trinken muss es schon selber!"
„Verdammt nochmal!", brüllt der Boss. „Niemand verlangt von Ihnen, ihn zum Trinken zu zwingen! Ihr Job war es, ihn durstig zu machen!"

Das ist der Job eines Meisters: Euch durstig zu machen nach etwas Unsichtbarem. Es ist eine wahnsinnige Art von Durst; da gibt es nichts logisch zu beweisen. Es ist eine Art von Ansteckung, nach und nach dringt etwas Ansteckendes in dich ein. Die Art, wie der Meister dich ansieht ... seine Geste, just in dem Moment aufgeschnappt, da es in dir absolut still wurde, weil der Stoßverkehr deiner Gedanken plötzlich stillstand ... Nur ein Innehalten, ein Schweigen, eine Pause – und etwas in dir wurde munter.

Ihr habt den Meister ständig um euch. Seine bloße Präsenz appelliert an etwas, das schon seit langem schläft. Man erwacht, macht die Augen auf. Bei einem Meister zu sein, ist eine sehr seltsame Beziehung, die seltsamste überhaupt: Denn der Meister existiert nicht, und der Schüler existiert viel zu sehr. Nach und nach überwältigt das Nichtsein des Meisters den Schüler: Angesichts der Schönheit dieses Nichtseins beginnt er, sein Wichtigsein aufzugeben.

> Es wird erzählt, dass in einem Haus einmal ein Feuer ausbrach, in dem ein Mann schlief. Man versuchte, ihn durchs Fenster rauszuholen, doch dafür war der Mann viel zu dick und schwer. Sogar durch die Tür ging es nicht. Der Mann war im Tiefschlaf, und so jemand wird bekanntlich sehr schwer; ein wacher Mensch lässt sich viel leichter tragen.

Habt ihr das je bemerkt? Hebt einmal ein Kleinkind hoch, wenn es wach ist – es ist leicht. Hebt dasselbe Kind hoch, wenn es schläft, und es ist schwer, auf einmal ist es ein schwerer Brocken. Schlaf macht irgendwie schwer. Vielleicht ist der Schlaf ja mehr in Einklang mit der Schwerkraft der Erde – und der Wachzustand mehr mit der Leichtigkeit des Himmels ... Versteht das nicht wörtlich, sondern metaphorisch, aber es ist so: Wenn jemand aufwacht, wird er ganz leicht. Wer je versucht hat, einen komatösen Patienten zu tragen, der weiß das; er ist fast unmöglich zu tragen."

> Man versuchte es durchs Fenster – umsonst. Man versuchte es durch die Tür – umsonst. Da sagte ein kluger Mann: „Weckt ihn auf, dann wird er von selbst rausfinden!"

Dazu ist ein Meister da! Seine Bewusstheit, der Sog seiner Bewusstheit, vertreibt nach und nach eure Verschlafenheit. Sein Licht entzündet euer Licht; sein Schweigen überträgt sich auf euch. Denkt dran: Der Meister macht eigentlich gar nichts. Er ist einfach nur da – und alles geschieht von selbst.

Doch der Schüler muss aufpassen wie ein Luchs, der Schüler muss ausgesprochen aufmerksam sein, er muss ausgesprochen zentriert und konzentriert bleiben. Der Schüler darf praktisch nicht mit der Wimper zucken. Der Schüler muss sozusagen bis über beide Ohren in den Meister verliebt sein – so hellwach wie ein Frischverliebter, für den die ganze Welt versinkt, der nur seine Geliebte sieht.

Solange der Meister noch nicht dein Geliebter ist, solange du nicht mit Haut und Haar zu ihm drängst, ist deine Transformation ausgeschlossen. Lass dir keine Geste, keine Nuance entgehen.

Nachdem Billroth, der Wiener Chirurg, seinen Studenten mitgeteilt hatte, dass ein Arzt zwei Talente haben müsse – keine Ekelgefühle und Beobachtungsgabe –, steckte er seine Finger in eine bittere, eklige Flüssigkeit und leckte sie ab, und forderte sie dann auf, seinem Beispiel zu folgen. Was sie ohne mit der Wimper zu zucken taten. Grinsend sagte Billroth: „Sie haben zwar das erste Talent bewiesen, nicht aber das zweite; denn keiner von Ihnen hat bemerkt, dass ich nur meinen Zeigefinger eintauchte, danach aber meinen Mittelfinger ableckte!"

Ja, bei einem Meister muss man aufpassen wie ein Luchs, um jede Geste zu sehen; denn diese Gesten enthalten seine eigentliche Botschaft: seine Art zu gehen, zu sitzen, euch anzusehen – seine ganze Art. Was er sagt, tut nichts zur Sache; wichtig ist nur, was er *ist* – nur darauf kommt es an.

Folglich verfehlen ihn alle, die außer ihren Argumenten und Worten und Theorien, außer ihren Erwartungen überhaupt nichts wahrnehmen.

Vergänglicher und illusorischer als auf Wasser
geschriebene Ziffern – vom Buddha im Jenseits
Glückseligkeit zu erwarten.
Schon jetzt hängt über dem Herzen keine Wolke,
kein Berg ist da,
hinter dem der Mond sich verbergen kann.
Auf unserm Weg durch diese Welt von Geburt und Tod
haben wir keinen Begleiter.

Einsam sterben wir, allein kommen wir zur Welt.
Die Flutwelle rollt weiter, aber ergib dich,
und sie wird dich tragen.
Wer nichts sieht, nichts sagt, nichts hört,
übertrifft selbst den Buddha.

Übertrefft den Buddha! Nur darum geht es mir hier. Ganz im Ernst – übertrefft den Buddha. Denn das ist die eigentliche Buddhaschaft – wenn ihr selbst den Buddha übertroffen habt. Das ist die ewige Quelle, die euch zusteht.

Ihr seid vom Glück gesegnet. Verfehlt es nicht!

Genug für heute.

Mehr über Osho
und das
Osho International Meditation Resort
www.osho.com

Unser Name ist Programm
www.innenwelt-verlag.de